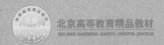

北大版新一代对外汉语教材·口语教程系列

高级 汉语口语 （第二版）

提高篇

Advanced Spoken Chinese

祖人植 任雪梅 编著
by Zu Renzhi Ren Xuemei

(Second Edition)

HANYU KOUYU

北京大学出版社
PEKING UNIVERSITY PRESS

图书在版编目(CIP)数据

高级汉语口语(提高篇)/ 祖人植,任雪梅编著. — 北京：北京大学出版社，2005.5
(北大版新一代对外汉语教材·口语教程系列)
ISBN 978-7-301-06646-1

Ⅰ.高…　Ⅱ.①祖…②任…　Ⅲ.汉语-口语-对外汉语教学-教材　Ⅳ.H32

中国版本图书馆 CIP 数据核字(2003)第 097980 号

书　　　名：高级汉语口语（提高篇）
著作责任者：祖人植　任雪梅　编著
责 任 编 辑：沈浦娜　spn@pup.pku.edu.cn
内 文 插 图：李　珊
标 准 书 号：ISBN 978-7-301-06646-1/H·0919
出 版 发 行：北京大学出版社
地　　　址：北京市海淀区成府路 205 号　100871
网　　　址：http://www.pup.cn
电　　　话：邮购部 62752015　发行部 62750672　编辑部 62752028　出版部 62754962
电 子 邮 箱：zpup@pup.pku.edu.cn
印　刷　者：北京大学印刷厂
经　销　者：新华书店
　　　　　　787 毫米×1092 毫米　16 开本　14 印张　340 千字
　　　　　　1997 年 9 月第 1 版
　　　　　　2005 年 5 月第 2 版　2012 年 10 月第 6 次印刷
印　　　数：15001—18000 册
定　　　价：48.00 元（附 1 张 MP3）

未经许可，不得以任何方式复制或抄袭本书之部分或全部内容。
版权所有，侵权必究　举报电话：010-62752024
　　　　　　　　　　电子邮箱：fd@pup.pku.edu.cn

目　录

第二版说明 …………………………………………………………… 1
序 ………………………………………………………………………… 1

第 一 课　　有志者事竟成 ……………………………………………… 1
第 二 课　　五彩缤纷 …………………………………………………… 20
第 三 课　　利人利己 …………………………………………………… 36
第 四 课　　刻不容缓 …………………………………………………… 54
第 五 课　　长大成人 …………………………………………………… 71
第 六 课　　玩物不丧志 ………………………………………………… 87
第 七 课　　入乡问俗 …………………………………………………… 104
第 八 课　　道高一尺,魔高一丈 ……………………………………… 121
第 九 课　　男女有别 …………………………………………………… 137
第 十 课　　快乐是福 …………………………………………………… 153
第十一课　　事与愿违 …………………………………………………… 170
第十二课　　开卷有益 …………………………………………………… 188

总词语表 ………………………………………………………………… 205
句式和表达总表 ………………………………………………………… 212

第二版说明

本书出版、使用至今已六年有余。在此期间,我们从各方面得到了很多宝贵的反馈信息,其中,既有对外汉语教学界前辈与同仁的指教,也包括北京大学对外汉语教育学院留学生多次教学评估中提出的意见。根据这些反馈以及自己对本教材使用的调查和研究,在保持第一版的基本架构与主要内容的前提下,我们在第二版的编写过程中进行了如下调整:

一、为更好地配合组织教学与阶段测验,教材总量由原来的16课四个单元减少到12课三个单元。共计删去了5课,新编写了1课。

二、保留的11课,主课文、语言要点与操练、副课文均进行了修改和补充。

三、根据高级水平学生的需要,扩大了词汇学习的内容,补充了和主课文有关的词汇练习。

四、为利于更好地学习主课文,主课文练习部分增加了语言实践,以此为课文内容的总结和延伸,此外,主课文练习三也改为用指定词语回答问题。

五、根据每课内容增加了插图,删去了原来的图片。

六、可根据高级班学生的程度安排高级的三册书的使用。上学期使用第一册,下学期使用第二册;或上学期使用第二册;下学期使用提高篇。

有不少使用者感觉本教材每课内容较多,全部学习可能耗时过长,我们就此作一点补充说明。我们认为,高级水平的学生在这一学习阶段的需求是多元化的,作为组织教学的最重要凭据,教材也必须内容覆盖面尽量广一些、练习方式尽量多一些,为师生双方提供尽可能大的选择空间。以此,在实际教学中,使用者完全可以根据自己的具体情况和需求灵活地作出取舍,没有必要面面俱到地按部就班。

在此次修订过程中,北京大学出版社的沈浦娜、郭荔多位老师均给予了我们多方面的帮助,北京大学对外汉语学院的赵燕婉、刘元满、金舒年、张园、赵昀晖、赵长征等许多同事,根据他们教学中发现的问题提出了不少中肯的意见与建议,李珊女士提供了精美的插图,谨此致以深深的谢意。

祖人植、任雪梅
2005年春于北京大学燕东园

序

　　外国留学生学习汉语进入高级阶段之后,还要不要进一步学习口语?这是一个不十分明确的问题。这主要是因为,在学习汉语的整个过程中,听、说、读、写四项技能在不同的学习阶段有所侧重。高级阶段侧重在阅读和写作上,成段表达主要是写的训练,似乎口语表达的训练已经完成了。

　　近来,一些入系学习专业的本科生和研究生感慨地说,他们的口语表达能力不但没有什么提高,反而有所减退。在现实生活和社会交往中,他们缺乏系统、完整、自然、得体地表达自己的思想、发表自己的见解的能力。究其原因,主要是专业学习要读的书太多,要写的作业太多,没有时间练习说。这也许是事实。然而,学生们的口语表达能力方面存在的问题,不能完全归根于此。我们认为,根本原因还在于,高级阶段口语表达能力的训练还没有真正完成。

　　过去的高级口语教材,从某种意义上说,与汉语阅读教材相差无几。教材的内容大多选自小说、剧本、相声等文学作品。语言虽然比较通俗,但大都带有浓厚的文学色彩,这种语言不能算是标准的"白话"口语。外国留学生很难操练和掌握。

　　两年来,祖人植、任雪梅两位青年教师在教学实践中,总结了高级口语教材的一些问题,从高级阶段学生的学习需要出发,编写了这本《高级汉语口语》(下册)。他们以《汉语水平等级标准和等级大纲》对高级阶段学生的学习要求为编写依倨,选取能够反映中国社会和中国人日常生活的话题、场景编写成课文。内容来自真实生活,生动有趣;语言自然流畅,极易上口,便于学生学习到真正地道的口头语言;练习量大,形式多样,设计突出实用性,有利于学生进行成段表达。

　　总之,我认为,这本《高级汉语口语》(下册)是一部较好的实用口语教材。

郭振华
一九九七年八月

第一课　有志者事竟成

> 主课文

五十个心愿

那是一年前的事了。有一天,我偶然遇见了一位多年不见的老朋友。谈起各自的情况,他说自己最近报名参加了一个绘画学习班,忙得不得了。为了学画,他买了纸、笔、颜料、画布等好些东西,每天下班后去学习不说,晚上睡觉以前还要复习复习,画上几笔。当时,我有点儿纳闷儿,因为我知道他以前是个"画盲",不要说没有摸过画笔,就是连画廊、美术馆之类的地方也不怎么去。

看到我大惑不解的样子,他多少有点儿腼腆地解释说:"其实,我对绘画一窍不通,也没多少时间学画画儿。之所以报名去学习,不过是因为这是我'此生要做的五十件事'清单上的一项而已。"

听起来很有趣!这激起了我的好奇心。"'此生要做的五十件事'的清单?这真是个好主意!"我问道,"你的清单上都有哪些内容?能让我看一看吗?"

"清单上有很多内容属于个人隐私,看就免了吧。"他说,"不过,

　　有了这张清单,生活好像和以前不一样了,有目标了。我这个人散漫惯了,以前总是想到哪儿做到哪儿,等到一年过完又常常后悔自己有好多该做的事情没有做。现在,我只管照着这张清单,一件一件按部就班去做就行了。每隔那么一阵子,等一件事情做得差不多时,我就会拿出清单来看一看,决定下一件要做的事。你不妨自己也开上一张单子,开好了你就会明白我的意思的。"

　　那天晚上,怀着试试看的心情,我也开了张清单。我发现朋友说得对。清单上列出了一长串对我来说很重要或是我一直想做却没能做的事情。真没想到,自我感觉不错的生活不但谈不上完美无缺,相反,竟然有这么多缺憾!

　　光把这些项目写出来就已经帮我分出了轻重缓急。头二十多个项目很快就写了出来,但接着往下就得仔细斟酌了。我不知不觉花了整整一个晚上的时间,写着写着,不禁浮想联翩,仿佛回到了无忧无虑、天真烂漫的童年时光,以及那雄心勃勃、充满理想的青年时代,想起了许许多多在繁忙的工作、日复一日的生活中被渐渐淡忘了的梦想。

　　等到第二天,再拿起这张清单,我发现了许多让自己诧异的情况。

　　首先,我最想做的是多多外出旅行。特别是现在孩子们已经长大了,可以跟我们一起去看世界了。我想和儿子一起骑自行车郊游,甚至环游全国、周游世界;也想带着妻子、孩子们一起去森林里露营,亲近大自然。

　　其次,有许多事情非得赶快去学、去做不可,否则就来不及了。比如,我还不会滑冰、滑雪,甚至连游泳也不会,要是现在再不学,以后可能就一辈子也学不会了。至于另一些事情,可以等到退休以后再去学、去做。比如,养花种草、搞搞园艺啦,练练书法、学学绘画啦,打打

第一课　有志者事竟成

太极拳、练练气功啦……

此外,我还希望参加一些义务性的社会公益活动,比如去做志愿者辅导青少年、帮助老年人和残疾人等等,既能丰富自己的生活内容,又对社会、他人有益。

清单上还有一些听起来很吓人的项目,因为要完成这些项目,非得有不凡的才能和惊人的毅力不可。例如,我想至少出版一本小说和一本回忆录,最好能上畅销书的十佳排行榜;能优雅地弹奏钢琴或演奏别的什么乐器——我这个人不但是乐盲,而且五音不全,在朋友聚会时过过当明星的瘾,让人人刮目相看;再精通几门外语,走遍天下都不怕……当然,现实地看,也许我此生不可能完成清单上的所有五十件事。因为,有些是我的个人能力所达不到的,比如,我想成为一个知名的作家,但从小到大我都没有写作的天分;有些是现实生活环境所不允许的,比如,我想养一匹马,这对于住在都市里的我来说绝对是个白日梦。不过,有了这些目标,我能更好地理解自己生活的意义和价值。我一定可以找到最合适的途径,尽自己最大的努力去实现其中的一部分愿望。

最近,我又遇到了那位朋友。他告诉我,他已经使好几件清单上所列出的心愿成为了现实。这真是原先难以想像的。他还说,他的秘诀是:做好准备,努力去做,然后听神奇的命运的安排。最后,他用两句古话来与我共勉:千里之行,始于足下;谋事在人,成事在天。

现在,每当觉得无聊、苦闷的时候,我不再抱怨。我会拿出这张清单,然后,为实现自己的下一个心愿而开始忙忙碌碌地做各种准备工作。

(改编自《读者文摘》同名散文)

高级汉语口语(提高篇)

● 词 语

1.	纳闷儿	(形)	nàmènr	疑惑;不明白。
2.	大惑不解		dàhuò-bùjiě	对某事非常疑惑,不能理解。
3.	腼腆	(形)	miǎntiǎn	因为害羞、不好意思等原因神情不自然。
4.	一窍不通		yíqiào-bùtōng	比喻对某事一点也不懂。
5.	清单	(名)	qīngdān	详细登记有关项目的单子。
6.	隐私	(名)	yǐnsī	不愿告诉别人或公开的个人的私事。
7.	散漫	(形)	sǎnmàn	随便,不遵守纪律。
8.	按部就班		ànbù-jiùbān	按照一定的条理,遵循一定的程序。
9.	不妨	(副)	bùfáng	也可以(这样做),常用在建议时。
10.	完美无缺		wánměi-wúquē	非常美好,没有缺点。
11.	缺憾	(名)	quēhàn	不够完美、令人遗憾的地方。
12.	轻重缓急		qīngzhòng-huǎnjí	主要、次要、紧急、和缓等各种状况。
13.	斟酌	(动)	zhēnzhuó	仔细思考,看是否合适或可行。
14.	浮想联翩		fúxiǎng-liánpiān	联翩,鸟飞的样子。形容联想不断出现。
15.	无忧无虑		wúyōu-wúlǜ	没有忧虑。形容心情舒畅自得。
16.	天真烂漫		tiānzhēn-lànmàn	纯真自然,没有虚假成分。
17.	雄心勃勃		xióngxīn-bóbó	形容理想和抱负非常远大。

第一课 有志者事竟成

18. 日复一日		rìfùyírì	一天又一天，形容日子久、时间长。
19. 淡忘	（动）	dànwàng	印象慢慢地越来越淡，最后忘记。
20. 诧异	（形）	chàyì	感到奇怪。
21. 露营		lùyíng	在野外过夜。
22. 园艺	（名）	yuányì	种植花卉、蔬菜、树木等的技术。
23. 公益	（名）	gōngyì	公共的利益，多指卫生、救济等福利事业。
24. 残疾	（名）	cánjí	器官、肢体或其功能方面的缺陷。
25. 排行榜		páihángbǎng	畅销书、流行歌曲等按销售量排出的顺序。
26. 优雅	（形）	yōuyǎ	优美高雅。
27. 五音不全		wǔyīnbùquán	形容嗓音不适合用来唱歌或不懂音乐。
28. 过瘾		guò yǐn	满足某种特别的爱好。
29. 刮目相看		guāmù-xiāngkàn	形容变化很快，别人得用新的眼光看待。
30. 天分	（名）	tiānfèn	天生的素质。
31. 秘诀	（名）	mìjué	能解决问题的秘密的巧妙办法。
32. 共勉		gòngmiǎn	相互勉励。

注　释

1. 白日梦　　　　　　　比喻根本不能实现的幻想。
2. 千里之行,始于足下　比喻事情的成功是由少到多、一步一步积累而来的。
3. 谋事在人,成事在天　谋求事情的成功,要靠自己努力;事情能否真的成功,有时还要看运气。

练　习

一 请用正确的语气和语调朗读下列句子:

1. 其实我对绘画一窍不通,也没多少时间学画画儿。之所以报名去学习,不过是因为这是我'此生要做的五十件事'清单上的一项而已。

2. "'此生要做的五十件事'的清单?这真是个好主意!"我问道,"你的清单上都有哪些内容?能让我看一看吗?"

3. 清单上有很多内容属于个人隐私,看就免了吧。

4. 真没想到,自我感觉不错的生活不但谈不上完美无缺,相反,竟然有这么多缺憾!

5. 我不禁浮想联翩,仿佛回到了无忧无虑、天真烂漫的童年时光,以及那雄心勃勃、充满理想的青年时代,想起了许多许多在繁忙的工作、日复一日的生活中被渐渐淡忘了的梦想。

6. 至于另一些事情,可以等到退休以后再去学、去做。比如,养花种草、搞搞园艺啦,练练书法、学学绘画啦,打打太极拳、练练气功啦……

7. 要完成这些项目,非得有不凡的才能和惊人的毅力不可。

8. 也许我此生不可能完成清单上的所有五十件事。因为,有些是我的个人能力所达不到的,有些是现实生活环境所不允许的。不过,有了这些目标,我能更好地理解自己生活的意义和价值。

第一课　有志者事竟成

二 请说出下列各句中画线部分的含义：

1. 我有点儿纳闷儿，因为我知道他以前是个"画盲"。
2. 每天下班后去学习不说，晚上睡觉以前还要复习复习，画上几笔。
3. 清单上有很多内容属于个人隐私，看就免了吧。
4. 光把这些项目写出来就已经帮我分出了轻重缓急。
5. 头二十多个项目很快就写好了，但接着往下就得仔细斟酌了。
6. 我还想参加一些义务性的社会公益活动。
7. 我想养一匹马，这对于住在都市里的我来说绝对是个白日梦。
8. 他用两句古话来与我共勉：千里之行，始于足下；谋事在人，成事在天。

三 根据课文的内容，用指定词语回答下列问题：

1. "此生要做的五十件事"清单对"我"的那位朋友有什么样的用处？

   清单　目标　散漫　后悔　按部就班　隔

2. "我"是如何开出自己的"清单"的？当时，"我"有什么感觉？

   一长串　完美无缺　缺憾　轻重缓急　不知不觉　浮想联翩

3. 清单上有哪些内容让"我"自己感到诧异？

   首先　旅行　露营　其次　赶快　来不及　比如　此外

4. 清单上还有些项目为什么"吓人"？

   至少　畅销书　五音不全　刮目相看　精通　白日梦

5. "我"的朋友现在怎么样，他的"秘诀"是什么？

   心愿　难以　想像　秘诀　神奇　共勉

四 语言实践：

1. 你怎么理解"有志者事竟成"？
2. "千里之行，始于足下"与"谋事在人，成事在天"的具体含义是什么？请举例说明。

高级汉语口语(提高篇)

● 词汇学习

一 请在句中填入适当的词语:

大惑不解　一窍不通　按部就班　轻重缓急　浮想联翩
日复一日　无忧无虑　刮目相看　雄心勃勃　完美无缺

1. 接到老同学聚会的请柬后,我翻出了以前的老照片,不禁(　　　)。
2. 老奶奶(　　　),每天都在石头上磨那根铁棒,终于磨成了一根绣花针!
3. 这家公司(　　　),想在五年内进入世界五百强的行列。
4. 我虽然对日语(　　　),但看汉字还是能猜出一点儿意思。
5. 门窗都关得好好儿的,令人(　　　)的是,小偷是怎样进来的呢。
6. 他不想(　　　)地从职员到科长,再到经理,他辞职自己做老板了。
7. 按照事情的(　　　),政府决定先解决人民的温饱问题。
8. 他以前懒懒散散,学习很一般,但这个学期开始发奋努力,月考考了全班第一,真是令人(　　　)。
9. 只要是人,就都会犯错误,会有缺点和不足,不可能(　　　)。
10. 我真想回到天真烂漫、(　　　)的童年时光。

二 从所给的词语中选择一个,完成句子:

1. 她生性(腼腆/不好意思),在生人面前一说话就脸红。
2. 他(雄心勃勃/野心勃勃),企图发动政变自己做皇帝。
3. 看到孩子们在院里玩耍,我(吃惊/诧异)地问:"你们今天没有课吗?"
4. 我觉得,弹钢琴需要(天分/能力),只靠努力是不能成为音乐家的。
5. 他们夫妻恩爱,生活富足,就是一直没有孩子让他们觉得生活中好像有一些(缺憾/遗憾)。
6. 奶奶一直很(纳闷儿/大惑不解),为什么球场上那么多人抢一个球,多给他们两个球不就行了?

8

第一课　有志者事竟成

 以下这些词语在意义上有什么共同点?请给每个词语写出一个同义词、近义词或一个反义词。

纳闷　大惑不解　有趣　好奇　腼腆　后悔　诧异　无聊　苦闷

语言要点与操练

● **怎么说**

交谈(一):赞同与反对;肯定与否定;接受与拒绝

与别人交谈时,我们常常要表明自己的态度和看法,这时,就可能使用以下这些表示赞同与反对、肯定与否定、接受与拒绝的句式:

1. 赞同,肯定,接受:

　第一人称:

　我同意……/我基本同意……/我完全同意……

　我赞成(赞同)……意见(看法;做法)/我支持……(行动)

　对……我表示同意(赞成;赞同;支持;理解)/对……我持相同的看法(意见;态度)

　其他:

　对/你说得对/可不是吗?

　真是个好主意/你的……有道理

　你说(做)得有道理/你的……是正确的(完全正确的)

　你的……是理所当然的(无可非议的;天经地义的)

2. 反对,否定,拒绝:

　第一人称:

　我不同意(赞成;支持)……

　我不完全(太)同意(赞成;支持)……

　我坚决反对……

　对……我不敢苟同(持否定态度;保留我的看法)

9

其他:
不对/不是这样的
……不是事实/……没有根据/……没有道理
不一定/未必/不见得
不/不行/不好
……不太合适(不太方便)/……就免了吧(就算了吧)
你看……是不是更好(合适;妥当)?

练习:请在与你的同学谈论你的梦想、心愿、计划时使用以上表示赞同、反对、
否定、拒绝的句式来表明自己的态度与看法。

● 句式和表达

1. 不要说……就是……也……
   例句:不要说没有摸过画笔,就是连画廊、美术馆之类的地方也不怎么去。
   表达:
   (1) 他很少锻炼;打球、游泳、跑步什么的都不参加;散步、做操不怎么做。
   (2) 他对音乐一窍不通;不懂古典音乐、交响音乐;也不了解通俗音乐、流行音乐。
   (3) 小王整天守着电视机,……
   (4) 我这个人特别喜欢游泳,……
   (5) 今年夏天真是热得要死,……

2. 其实……
   例句:其实,我对绘画一窍不通,也没多少时间学画画儿。
   表达:
   (1) 他平时吸烟、喝酒;不是真的喜欢;只是觉得无聊,用来打发时间。
   (2) 现在常常堵车;很多时候不是因为路不好;真正的原因是有个别司机不

第一课　有志者事竟成

遵守交规(交通规则)。
(3) 他们两个表面看起来如胶似漆、感情好得不得了,……
(4) 这本小说很厚,看起来比较难,……
(5) "叶公好龙"的意思是,……

3. 之所以……是因为……
   例句:之所以报名去学习,不过是因为这是我"此生要做的五十件事"清单上的一项而已。
   表达:
   (1) 我上星期没来上课;突然来了一位朋友,他汉语不好,我得陪他。
   (2) 今年天气不正常,夏天北热南凉;受厄尔尼诺现象的影响。
   (3) 她之所以几次减肥都没有成功,……
   (4) 这种产品之所以畅销,……
   (5) 那位作家之所以受到大家的尊敬,……

4. 不但……,相反……
   例句:真没想到,自我感觉不错的生活不但不圆满,相反,竟然有这么多缺憾!
   表达:
   (1) 人类的进步,社会的发展;我们面临的问题、挑战没有减少;我们需要面对的各方面的问题有增加的趋势。
   (2) 他大学毕业了;生活不像想像的那样一帆风顺;找工作、适应新环境,遇到的困难超出了当初的预想。
   (3) 医学的进步不但没有使我们消除疾病,……
   (4) 为了减肥,他开始节食,结果……
   (5) "搬起石头砸自己的脚"的意思是,……

5. 至于
   例句:有许多事情非得赶快去学、去做不可,否则就来不及了。……至于另一

些事情,可以等到退休以后再去做。

表达:

(1) 要解决环境问题;有些是我们每个人都能做到的,比如不乱扔垃圾;有些则需要国际社会、各个国家、政府来协调解决,比如大气污染问题。

(2) 我对现在的工作和生活状况很满意;将来会不会跳槽换个工作还没有考虑过。

(3) 对你的遭遇我深表同情,……

(4) 这套房子的地段、设施我都很满意,(价钱)……

(5) "说起来容易做起来难"的意思是,……

6. 非……不可,否则……

例句:• 有许多事情非得赶快去学、去做不可,否则就来不及了。

• 因为要完成这些项目,非得有不凡的才能和惊人的毅力不可。

表达:

(1) 年轻的时候应该努力学习、积极进取;要不然以后会感到后悔的。

(2) 地球正面临严重的生态危机;应该早早采取行动;如果不采取行动,我们将遭到大自然的报复。

(3) 这个工作不能再拖了,(今天完成)……

(4) 再过一个小时飞机就该起飞了,(出发)……

(5) 你的病很严重,(住院开刀)……

第一课　有志者事竟成

交流和讨论

● 热身练习：请思考

1. 你认为，"此生要做的五十件事"大致可以分为几类？
2. 你有没有关于自己的前途和未来的设想？具体包括哪些方面？
3. 你自己生活中比较现实、经过努力可以达到的心愿有哪些？
4. 理想的生活、理想的社会、理想的世界应该是什么样的？

● 课堂讨论

两位好朋友正在谈话。一位说自己的想法和理由；另一位表示赞同或反对，并提出建议；第一位对建议表示接受或拒绝。

1　我的新学期新打算：

提高汉语口语水平；提高阅读、写作能力；入系学习；多交一些中国朋友；学气功、武术、书法、针灸；去旅行；每天坚持锻炼身体……

2　关于自己的前途和未来的设想（五年计划、十年计划）：

找到喜欢的职业；在工作中取得成绩；遇到理想的爱人；建立理想的家庭；开办自己的公司……

3　自己生活中比较现实，经过努力可以达到的心愿：

有一份体面的工作；收入达到小康水平；亲人相亲相爱；一套舒适的住房；一部中意的汽车；见到自己的偶像；有业余爱好和丰富多彩的休闲生活；作环球旅行……

4　关于理想的世界、理想的社会的梦想：

世界和平；没有战争；人们彼此理解；没有偏见、歧视；没有贫困；没有犯罪；没有欺骗、虚伪；人人为自己的理想而努力；人人都有受教育的机会；人类和自然和谐相处；沙漠得到治理……

5 关于人类未来的梦想：

科技高度发达；利用太阳能；国际互联网进一步发展；医学进步；轻便的穿着；方便的食品；健康长寿；做星际旅行；发现智慧生命……

副课文

（一）青年必须尝试的五十件事

善解新一代日本青年人情感的作家中谷彰钊，曾经写过一部名为《二十多岁的青年必须尝试的50件事》的书，该书一问世就受到众多日本青年的欢迎，极为畅销。

在这本书中，作者忠告日本二十多岁的新生族们为了30岁时事业的成功、40岁时便能登上事业的巅峰，要从现在开始做一个"勇往直前、经历无数次失败而百折不挠的人"。他认为，在人生的道路上，为追求真正属于自己的生活而竭尽全力、饱尝辛酸和痛苦的人生才是美丽的人生。

该书列举了二十几岁的青年人必须尝试的50件事，其中主要有：

* 要注意留心报纸、杂志边角处的广告——这也许会在你的人生中起到意想不到的作用。

* 参加一次竞选，为竞选而东奔西走——你会学到一些平常无法得到的东西。

* 将想做的事整理得有条不紊。

* 向自己发起挑战，为拿到10个以上的资格证书而奋斗。

* 寻找自己理想的人生模式。

* 去会会职高位尊的人，了解他们是怎样获得今天的成就的。

* 开始做一件投资10年后才能成功的事。

* 在施工工地吃一次落有尘灰的早饭。

* 做一次剧院中的引导服务生——在引导客人的同时，对照想像一下自己的将来。

* 与父母亲一同去旅行——这是培养重视家庭及人间亲情的开始。

第一课　有志者事竟成

* 自己创作一首歌。
* 一年之内读破万卷书。
* 将一件电器制品完全分解并重新装上——从自己的组装过程中感悟人生。
* 每日完成一页手稿。
* 尽可能在更多的国家留下你的足迹。
* 在与外国人对话时,要始终保持你的自信。
* 每日反省自己的失礼之处。
* 对自己所下的决心要经常加以检讨。
* 做不幸者的朋友,尝试表达自己的善意、同情和爱心。
* 体验一次精疲力竭的感觉——你的潜力要靠自己去发掘。
* 从头至尾读完一部《圣经》。
* 要欣赏那种心跳的感觉。
* 在你的庭院中栽一株小树——可使你体验生命的可贵。
* 会一会使你感到畏惧的人——见到不平凡的人会使你发现另一个自我。
* 要敢于面对使你感到紧张的人。
* 做一个生活目标的不孝者——你的人生不属于你的父母。
* 试与10年后的自己进行对话。
* 去最危险的职业现场。
* 给自己留一点属于自己的时间——与自己的心灵对话,会扩大你的生活空间。
* 编一本自己的词典——用独自的视角创造一个属于自己的世界。

(二)我一生要做的99件事

1. 重回童年居住的地方
2. 珍藏一件凝聚情感的物品
3. 倾听大自然的声音
4. 拜访你的恩师

5. 大声说出你的爱
6. 凭吊古战场,感受苍凉和悲壮
7. 每3至5年写一个小自传
8. 亲手播种、收割一次
9. 找到真正的友谊
10. 追寻你生命中的导师
11. 体验另一种生活——在乡间居住数日,享受田园风光
12. 为自己种一棵树——让生命在树中延续
13. 寻找失落的童心
14. 向自己的极限进行一次挑战
15. 在长城上回眸历史
16. 深情热烈地爱一次
17. 一个人去旅行——真正享受独处之乐
18. 参加一次游行狂欢活动——感受激情与狂野
19. 见一个你心中景仰的名人
20. 利用21天时间改掉一个不好的习惯
21. 到施工工地等地方与普通劳动者生活一天
22. 每天阅读15分钟
23. 每天抽出一点时间和家人在一起
24. 培养某种个人爱好
25. 学会一种乐器
26. 观察众生百态,品味生之乐趣
27. 常回家看看父母
28. 为往事干杯——参加一次同学聚会
29. 到你所心仪的地方去旅行
30. 在陌生环境中用自己的谋生技艺生存一段时间
31. 保持美满婚姻
32. 为父母按摩、擦身

第一课 有志者事竟成

33. 独自在远离人烟的旷野露宿

34. 到天安门广场观看一次升旗仪式

35. 尊重你的对手

36. 偷得浮生半日闲——放慢生活步调

37. 倾听婴儿的第一声啼哭

38. 寻找久已失去联系的旧日朋友

39. 从心底宽恕那个曾有负于你的人

40. 给孩子做出榜样

41. 为自己录个像,看看在别人眼中的你

42. 选择一个自己热爱的职业

43. 从日常生活的小处着手,做个环保者

44. 与一个陌生人攀谈

45. 将心中的感激之情表达出来

46. 做个"白日梦"

47. 用一生的时间铭记一个教训或一个有益的忠告

48. 亲手卖出一件商品

49. 订立每周计划、每年计划或更长期的计划

50. 在大庭广众之下表演或演讲——树立自信心

51. 给亲人或朋友送件体贴的礼物

52. 购买令人赏心悦目的衣服——注重自我形象

53. 精心地守护好你的尊严

54. 做动物的朋友,真心地爱护它们

55. 信守一个诺言

56. 做一次赚钱的生意或进行一项有所收益的投资

57. 接受并珍惜生活赐予你的一切

58. 制怒;并向自己所伤害过的人致歉

59. 试着做一次:把自己的荣誉让给别人

60. 重整人生的行囊——清扫生命;掌握取舍的艺术

61. 到最艰苦的职业现场去打一次工
62. 给予他人切实的帮助——去做真正对他有用的事
63. 看一次日出日落的壮丽景观
64. 到站台上送别——体验离愁别绪、思念之痛
65. 尝尽美食
66. 交一个异地或异国的朋友
67. 衷心赞美你的朋友和家人
68. 把你所能想到的一件浪漫的事变为现实
69. 给足他人"面子"——不伤害别人的自尊
70. 给自己颁发一个"奖"——自我激励
71. 接纳困境,试着与之周旋
72. 做一名志愿者或无偿为弱者服务
73. 为灾区及慈善福利机构募捐
74. 学会在各种压力下生活
75. 以难以忘怀的方式迎接新年的到来
76. 按照自己设计的样式装饰你的家
77. 为自己许一个愿,并为实现愿望孜孜以求
78. 把你的猜疑藏起来——勇于信人
79. 体验一次失败的经历,学习承受失败
80. 认真聆听别人的谈话——学习沟通之道
81. 与他人合作完成一项工作
82. 买几张彩票——碰碰运气
83. 对最难以拒绝的人说"不"
84. 全力以赴做好手边的事——凡事尽力而为
85. 为健康投资——懂得照顾自己
86. 到少数民族同胞或外国人家中做客
87. 体验一次军旅生活——强化律己与责任意识
88. 利用一次机会汲取知识的营养

第一课　有志者事竟成

89. 至少换一次工作——勇于改变现状
90. 参加一次体能或智力竞赛——赢人先赢己
91. 投稿,努力在自己最喜欢的报刊上发表一篇文章
92. 换个角度看世界
93. 学会做几样拿手菜
94. 寻找适合你的娱乐及健身方式
95. 保持宜人的微笑——不让烦恼光临你的世界
96. 创一次业,无论成功与否
97. 想像生命的最后一刻——感悟生死
98. 到每年的岁末,检视自己一年来的行为
99. 写下遗嘱,死后捐献有用的器官

请你说一说

请在阅读副课文后,开一张你自己的清单"此生要做的十件或二十件事",并向全班同学谈谈你选择这些事的理由及实现的可能性。

第二课　五彩缤纷

主课文

周末百姓众生相

中国的普通老百姓周末做什么？我们来听听他们自己是怎么说的。

找个地方撮一顿　（陈萍，女，31岁，干部）

周末，我和先生下班都比较早。去托儿所接出孩子，我们一家三口先去饭馆吃顿便饭，纯粹是便饭。吃中餐，不外乎鱼香肉丝、宫爆鸡丁这个水准。吃快餐，大都去肯德基，麦当劳不怎么去。先生和孩子都爱吃肉，炸鸡吃起来挺过瘾。吃过饭后，我们先把孩子送到奶奶家，然后找地方去玩儿。有时去朋友开的歌厅唱歌，有时去舞厅跳舞，撒开了欢儿地玩儿，直到半夜才回家。第二天睡个懒觉，也不能起得太晚，中午还得去孩子的奶奶家。我先生很孝顺，每个星期必去老爹老娘那儿一趟，我也夫唱妇随，做个贤惠儿媳。一般在公公婆婆家吃过晚饭再回来。

第二个休息日，我们就大门不出二门不迈了，在家干活儿、看电视、看书、看报纸。

第二课　五彩缤纷

陪孩子去培训班　(冯建平,男,45岁,工人)

我这个人特爱玩儿,爱和朋友一块儿搓麻、喝酒、侃大山,爱养鸟、养鸽子、养蛐蛐儿,也爱看足球比赛。可我现在一点儿玩儿的工夫也没有。加班?哪儿呀?现在单位效益马马虎虎,忙不到加班的份儿。是为了我那闺女,上班以外的工夫全搭在送她上各种班了。什么舞蹈班、英语班、作文班,还有什么奥林匹克学校。名目多了去了,我也说不全。辛苦算不了什么,我就指望她将来能考上大学,不要像我一样窝囊!她现在的功课挺深,我也使不上什么劲儿。能做的,也就是接送闺女了。

在家里爬格子　(刘峰,男,36岁,编辑)

叫我报虫子也好,叫我自由撰稿人也罢,反正像我这号靠爬格子为生的不多也不少。我本人是个编辑,一家小报编辑,报纸一个月出四期,闲不着也累不着。在这个圈子里混了四五年,朋友不少,找我约稿的人挺多。稿约五花八门,上至国家的方针政策,下至百姓的柴米油盐。谢天谢地,现在实行五天工作制,每个星期可以有两天时间在家踏踏实实地爬格子。现在特想写点儿自己的东西,不再跟着人家的指挥棒转。

在宿舍看书洗衣服　(王芳,女,20岁,大学生)

你问我周末怎么过?先痛痛快快地睡个懒觉。平时学习紧,觉老不够睡,趁周末好好补补。几点起床?一般到午饭吧。早饭当然就省了,现在不是流行减肥吗?也算赶赶时髦吧。然后就不一定了,和朋友逛逛街,租张碟回来看看,洗洗衣服,打扫一下房间,有时也走走老乡、做做家教什么的。一般到了星期天就不敢乱跑了,基本上是泡在图书馆自习,不是用功,是没办法。现在功课那么多,要看的参考书也不少,还有各种要通过的考试,想不努力行吗?

开上车就出发 （李小明，男，34岁，技术员）

我喜欢开车，尤其是自驾车出行，忙了一星期，也堵了一星期，到了周末，特想找个人少的地方兜兜风，爽一下。有时也叫上几个狐朋狗友，带上自己的家人，找个风景好的地方，住上一夜，玩玩保龄、洗洗桑拿什么的，挺放松。如果去的地儿近，星期六起个大早就行。如果去比较远的郊县或者更远的地方，星期五晚上就得出发。要是天气好，我们有时也带上装备在野外露营，围着篝火唱歌、跳舞、吃烤肉，挺诗情画意的吧。咳，出去惯了，周末在家呆不住，一到周末手就痒痒，在家坐也不是站也不是，还是开上车就出发。

秧歌越扭越欢 （杨兰英，61岁，家庭妇女）

我这辈子没正式上过班，现在在街道为大家跑跑腿儿。老伴儿也退休了，俩人闲着也是闲着，平日里把孙子接过来照看。星期五，儿子、媳妇吃了晚饭就把孩子领走，回自个儿小家去了。剩下我和老头子也不闲着。老头子是个棋迷，他找别的老头儿去下棋，有时半夜三更才回来。我就和一帮老太太去扭秧歌，冬天扭、夏天扭，越扭越欢，

星期六、星期天不扭几下，觉也睡不好，饭也吃不香。

在网吧里泡着 （张一朋，男，24岁，外来打工人员）

我来这里一年多了，光棍儿一条，也没什么亲戚、熟人，周末差不多都是在网吧里泡着。上网、聊天儿、打游戏，常常一玩儿就是通宵。游戏挺刺激，玩儿多了也有点儿腻，我最喜欢的还是网上聊天儿，天

第二课　五彩缤纷

南地北的一通侃,想说什么都行,反正谁也不认识谁,不像平时总得端着。电影院去的不多,一来票价不便宜,二来好看的片子太少,不如上网痛快。早上回到住处蒙头大睡,一觉下来就是下午四五点钟了。

花钱买健康　(杨晓虹,女,26岁,公司职员)

我在外企上班,虽说收入还可以,就是忒忙了,一年365天,说加班就加班,难得有空闲的时间。我的周末基本上都耗在健身房了。主要是跳健身操,有时也练练瑜迦出出汗。现在竞争这么激烈,工作压力这么大,没有好的身体哪儿顶得住呀。运动运动,一来身体健康,保持体形,二来也换换心情,减轻压力。现在不是流行花钱买健康嘛!

● **词　语**

1.	众生相		zhòngshēngxiàng	许多人各自不同的表现或神情。
2.	撮	(动)	cuō	北方话的口语,几个人聚会吃饭。
3.	纯粹	(副)	chúncuì	不掺杂别的。
4.	便饭	(名)	biànfàn	日常吃的,比较随便的饭食。
5.	不外乎		bú wàihū	不超过某种范围,也说成"不外"。
6.	撒欢儿		sā huānr	因为兴奋而又跑又跳(多指动物)。本文形容痛快地玩,没有拘束的样子。
7.	孝顺	(形)	xiàoshùn	顺从父母的意志,尽心奉养父母。
8.	夫唱妇随		fūchàng-fùsuí	比喻妻子跟丈夫一致行动、默契配合。
9.	贤惠	(形)	xiánhuì	指妇女心地善良、通情达理。
10.	搓麻		cuō má	口语,打麻将。
11.	侃大山		kǎn dàshān	口语,闲聊。

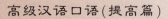

12. 蛐蛐儿	（名）	qūqur	cricket
13. 效益	（名）	xiàoyì	效果和利益。
14. 名目	（名）	míngmù	事物的名称。
15. 窝囊	（形）	wōnang	无能；懦弱。
16. 撰稿		zhuàn gǎo	写文章。
17. 约稿		yuē gǎo	报纸或杂志编辑部约请某人写文章。"稿约"，名词。
18. 五花八门		wǔhuā-bāmén	比喻花样繁多。
19. 方针		fāngzhēn	引导事物前进的方向和目标。
20. 柴米油盐		chái mǐ yóu yán	泛指日常生活必需品。
21. 指挥棒	（名）	zhǐhuībàng	比喻起导向作用的事物或人的命令。
22. 碟	（名）	dié	港台地区对 Disc 的翻译，一般指 VCD 或 DVD。光～；影～。
23. 参考书	（名）	cānkǎoshū	帮助学习或考试的书籍。
24. 兜风		dōu fēng	开车到处游逛
25. 狐朋狗友		húpéng-gǒuyǒu	原比喻品性不端的朋友。在此指关系亲近、爱好相同的朋友。
26. 装备	（名）	zhuāngbèi	原指军队配备的武器、军装、器材等，在此指各种用具。
27. 篝火	（名）	gōuhuǒ	在野外用木柴、树枝燃烧的火堆。
28. 诗情画意		shīqíng-huàyì	像诗和画一样美好的境界。
29. 半夜三更		bànyè-sāngēng	深夜
30. 泡	（动）	pào	（故意）消磨时间。
31. 光棍儿	（名）	guānggùnr	口语，单身汉，没有妻子的成年男性。
32. 通宵		tōngxiāo	从天黑到天亮，一整夜。
33. 刺激	（形）	cìji	使人感到激动或兴奋。

第二课 五彩缤纷

34. 天南地北		tiānnán-dìběi	原指距离遥远,在此形容说话漫无边际。
35. 忒	(副)	tuī(tēi)	北方话,很;非常。
36. 耗	(动)	hào	花;消耗

注 释

1. 大门不出二门不迈　形容呆在家里不出门。
2. 爬格子　　　　　　比喻写文章。
3. 谢天谢地　　　　　表示庆幸或感激。
4. 手痒痒　　　　　　形容想做某种事情的欲望。
5. 街道　　　　　　　中国城市居民区居民的自治组织,也叫"居委会"。
6. 跑腿儿　　　　　　(口语),为别人做一些杂事、小事。
7. 扭秧歌　　　　　　跳一种叫"秧歌"的中国民间舞蹈。

练 习

一　请用正确的语气和语调朗读下列句子:

1. 周末,我和先生下班都比较早。去托儿所接出孩子,我们一家三口先去饭馆吃顿便饭,纯粹是便饭。吃中餐,不外乎鱼香肉丝、宫爆鸡丁这个水准。
2. 加班?　哪儿呀?　现在单位效益马马虎虎,忙不到加班的份儿。是为了我那闺女,上班以外的功夫全搭在送她上各种班了。
3. 辛苦算不了什么,我就指望她将来能考上大学,不要像我一样窝囊!
4. 稿约五花八门,上至国家的方针政策,下至百姓的柴米油盐。
5. 谢天谢地,现在实行五天工作制,一个星期可以有两天时间在家踏踏实实地爬格子。
6. 然后就不一定了,和朋友逛逛街,租张碟回来看看,洗洗衣服、打扫一下房间,有时也看看老乡、做做家教什么的。

7. 咳,出去惯了,周末在家呆不住,一到了周末手就痒痒,在家坐也不是站也不是,还是开上车子就出发。

8. 我就和一帮老太太去扭秧歌,冬天扭、夏天扭,越扭越欢,星期六、星期天不扭几下,觉也睡不好,饭也吃不香。

9. 我最喜欢的还是网上聊天儿,天南地北的一通侃,想说什么都行,反正谁也不认识谁,不像平时总得端着。

10. 现在竞争这么激烈,工作压力这么大,没有好的身体哪儿顶得住呀。

 说出下列各句中画线部分的含义:

1. 有时去朋友开的歌厅唱歌,有时去舞厅跳舞,<u>撒开了欢儿</u>地玩儿,直到半夜才回家。

2. 第二个休息日,我们就<u>大门不出二门不迈</u>了,在家干活儿、看电视、看书、看报纸。

3. 我是一家小报编辑,报纸一个月出四期,<u>闲不着也累不着</u>。在这个圈子里混了四五年,朋友不少,找我约稿的人挺多。

4. 现在特想写点儿自己的东西,不再跟着<u>人家的指挥棒</u>转。

5. 周末在家呆不住,一到了周末<u>手就痒痒</u>,在家<u>坐也不是站也不是</u>,还是开上车就出发。

6. 我这辈子没正式上过班,现在在街道为大家跑跑腿儿。老伴儿也退休了,<u>俩人闲着也是闲着</u>,平日里把孙子接过来照看。

7. 我来这里一年多了,<u>光棍儿一条</u>,也没什么亲戚、熟人,周末差不多都是在网吧里泡着。

8. 我在外企上班,虽说收入还可以,就是忒忙了,一年365天,<u>说加班就加班</u>,难得有空闲的时间。

第二课　五彩缤纷

 三　根据课文的内容，用指定词语回答下列问题：

1. 陈萍一家的周末活动一共有几项？

> 托儿所　便饭　　　过瘾　撒开了欢儿
> 孝顺　　夫唱妇随　大门不出二门不迈

2. 冯建平的业余生活现在和过去有什么不同？为什么？

> 搓麻　侃大山　闺女　舞蹈班　名目　指望　窝囊

3. 刘峰是做什么的？他周末最想做什么？

> 爬格子　撰稿人　四期　圈子　约稿　柴米油盐　指挥棒

4. 李小明的周末通常是怎么过的？

> 自驾车　兜风　狐朋狗友　露营　篝火　诗情画意

5. 杨兰英老两口周末生活和平时有什么不一样？为什么？

> 街道　退休　照看　棋迷　半夜三更　扭秧歌

6. 张一朋的周末是怎么过的？为什么？

> 光棍儿　网吧　通宵　刺激　聊天儿　天南海北　蒙头

7. 杨晓虹过周末去哪儿？为什么？

> 外企　加班　健身房　竞争　压力　体型　心情

四　语言实践：

1. 在练习三的基础上，总结一下儿在中国一般人怎样过周末？
2. 分析一下这几位不同年龄、不同生活状态的人过周末的方式有什么不同？并和你们国家的情况进行对比。

高级汉语口语（提高篇）

● 词汇学习

一、请在句中填入适当的词语

夫唱妇随　五花八门　狐朋狗友　天南地北
便饭　　　诗情画意　半夜三更　谢天谢地

1. 星期天,请您来家里吃顿(　　　),希望您能赏光。
2. 他们俩是一对典型的传统夫妻,在家里(　　　)。
3. 他特爱玩儿,喜欢搓麻、打牌,平时玩儿到(　　　)才回来,周末更是常常一宿不睡,玩儿个通宵。
4. 周末时,我喜欢找上几个(　　　),一起去酒吧,(　　　)地侃大山。
5. 我的包终于找回来了,真是(　　　)！因为里面有我重要的东西——护照和银行卡。
6. 今天的化妆晚会来的人不少,大家的装扮更是(　　　)。
7. 那个地方风景优美,就像人间仙境一样,充满了(　　　)。

二、请从所给的词语中选择一个,完成句子：

1. 她喜欢打电话,爱东家长李家短地(侃大山/聊天儿/闲聊),也不管人家有没有空儿,反正人家挂了她再拨。
2. 你们这样大(撮/吃/聚)大喝,浪费父母的钱,不觉得羞愧吗？
3. 莫名其妙地被老板训了一顿,真是(老实/窝囊/没出息)。
4. 我的狗看到我回来了,高兴地围着我(撒欢/快乐/痛快)。
5. 他单身一人周末就喜欢在酒吧里(呆/泡/喝/聊)着,半夜三更才回家。

三、本课我们学习了不少常在口语中使用的词汇,还有个别是北方话中的土语,请把它们找出来,分析它们的特点并加以分类。想想在日常生活中你还听到过哪些口语词汇。

第二课　五彩缤纷

语言要点与操练

● **怎么说**

口语的风格（一）：日常口语体与简略

日常交际中，人们进行面对面的交谈。由于事先没有计划，一边想一边说，听说双方都知道的可以不说，许多意思还可以通过表情、手势、体态等来表示或补充，所以，停顿比较多，句子比较简短。这一特点在语法上突出的表现有：

省略连词：我是北京人，爱吃炸酱面。
　　　　　听是听清楚了，就是记不住。
　　　　　他这个人，说来就来，说走就走。

省略介词：咱们北京见。
　　　　　我平时吃食堂。
　　　　　这个问题，老王的看法，我没意见。

省略动词：——你谁呀？
　　　　　——我小王。
　　　　　这孩子，大眼睛，小鼻子。
　　　　　单人间，一天一百块。
　　　　　一日三次，一次两片。

定语较少：他买了台电视，国产的。
　　　　　前边有个人，大个子，穿大衣。
　　　　　那个人是谁？胖胖的。

"的"字结构代替整个名词词组：
　　　　　老王开的是国产的，老张开的是进口的。
　　　　　三班的都到齐了没有？
　　　　　我的是红的，你的是黄的。

练习：请在课文中至少找出五个这种口语表达中的简略现象。并在后面的"交流和讨论中"尽量用简短的口语化句子来提问与陈述。

句式和表达

1. ……不外乎……

   例句:吃中餐,不外乎鱼香肉丝、宫爆鸡丁这个水准。

   表达:

   (1) 学习好汉语的关键:勤奋;讲究方法;有个好老师、好的练习的环境。

   (2) 学习外语的动机:开阔视野,了解其他民族的历史、文化;能找到好工作;和自己的研究有关。

   (3) 我现在单身一人,每个周末的活动……

   (4) 和朋友打电话,聊的话题……

   (5) 常喝酒的不外乎有这么几种人,……

2. ……也好,……也罢(/也好),(反正)……

   例句:叫我报虫子也好,叫我自由撰稿人也罢,反正像我这号靠爬格子为生的不多也不少。

   表达:

   (1) 我是一名法官,必须依法办事;你夸我,说我公正无私;你骂我,说我不近人情。

   (2) 事情已经发生了,只能勇敢地去面对;后悔没有用,着急没有用。

   (3) 你高兴也好,生气也罢,……

   (4) ……,反正我已经答应人家了。

   (5) 我就是喜欢上网聊天儿,……

3. ……,上至……,下至……

   例句:稿约五花八门,上至国家的方针政策,下至百姓的柴米油盐。

   表达:

   (1) 参加长跑运动的什么人都有:八九十岁的老人;十一二岁的少年。

   (2) 物价是个敏感的问题:国家领导人、平民百姓都很关心。

   (3) 他这个人是个"万事通",……

第二课　五彩缤纷

(4)"希望工程"得到了方方面面的支持,……

(5) 在法律面前人人平等,……

4. ……,尤其是(特别是)……

例句:我喜欢开车,尤其是自驾车出行。

表达:

(1) 我喜欢听古典音乐;工作了很长时间、感到疲劳时,古典音乐能使我放松。

(2) 现代社会,患慢性病的人口比例越来越高;在大城市里,这一点表现得非常明显。

(3) 我爱/不爱吃(海鲜……),……

(4) 现在青少年问题,……,已经引起了社会学家的高度重视。

(5) 明星,……,受到很多年轻人的崇拜。

5. 冬天……、夏天……;白天……、晚上……;平时……、假日……

例句:我就和一帮老太太去扭秧歌,冬天扭、夏天扭,越扭越欢。

表达:

(1) 他决心把汉语学好;除了平时上课,连周末也不休息,什么时候都在努力学习。

(2) 他们公司业务特别多,工作十分繁忙;晚上常常加班,节假日也很少休息。

(3) 为了考上理想的大学,……

(4) 爸爸是个足球迷,……

(5) ……白天想、晚上想,终于想出了一个好办法。

6. ……，一来……，二来……

例句：一来票价不便宜，二来好看的片子太少，不如上网痛快。

表达：

(1) 体育运动好处很多；可以增强体质、锻炼意志；可以培养团队精神，使大家相互配合、相互协作。

(2) 除了工作以外，应该有些业余爱好；可以放松神经，积极休息；可以丰富生活，陶冶性情。

(3) 发展互联网好处很多，……

(4) 快到圣诞节了，我们计划开一个联欢晚会，……

(5) 最近我的身体不太好，……

交流和讨论

热身练习：请思考

1. 你的学习时间和业余时间是怎么安排的？
2. 你有业余爱好吗？是什么？
3. 你们国家现在流行的休闲、娱乐活动是什么？你对此怎么看？
4. 休闲与娱乐对人们的生活重要吗？

课堂讨论

我的业余生活

请事先写出演讲提纲，再根据提纲给全班同学作五分钟的演讲。

1 参加各种文娱活动：

方式：看电视；看电影；看演出；听音乐会；听演唱会；看展览；参观博物馆；唱卡拉OK；跳交谊舞；去"迪厅"（迪斯科舞厅）……

说明选择的理由。

第二课　五彩缤纷

2 在家。

方式：听音乐；听广播；看碟(VCD/DVD)；看录像；读书(什么样的书？)；玩拼图；上网；写信；发 E-mail；打电话；玩电子游戏……

说明选择的理由。

3 和朋友一起。

方式：吃饭；喝酒；喝茶；喝咖啡；侃大山；讨论问题；打保龄；打台球；下棋；打牌；唱卡拉OK；跳交谊舞；参观名胜古迹……

说明选择的理由。

4 体育健身。

方式：散步；跑步；爬山；练气功；练瑜迦；学武术；打太极拳；打羽毛球；打乒乓球；打篮球；打排球；打棒球；踢足球；打橄榄球；游泳；滑冰；滑雪；滑旱冰；骑自行车；骑马；做健身操；练健美；打台球；打保龄球；打网球；打高尔夫球；钓鱼

说明选择的理由。

5 游玩。

方式：逛市场、商店(什么样的？)；逛公园；郊游；旅游；兜风；野餐；露营

说明选择的理由。

6 其他。

副课文

节日怎么过？

热热闹闹的传统节日似乎离我们都市人越来越远了。节日和人、节日里的人和人之间的关系都在悄悄地发生着变化。当代都市人对此有何感想？是伤感，是坦然接受，还是根本什么也没想？他们觉得节日中最重要的是什么？他们是怎样度过自己的节日的？

广告设计师(男,31岁)：

过节嘛,最重要的是和朋友联络联络。小农经济时代,人和人之间的关系密

切而单纯,过年过节送的礼物不外乎日常用品,实用性强。现代社会,我们,生活在大城市里,人口密度越来越大,但人际关系却越来越疏远了,连过年都是"言而无信"(电话、电子邮件代替了书信)。今年春节前,我精心设计了一张贺卡,表达自己对朋友们的良好祝愿和对新的一年的美好向往。让我吃惊的是,每一张贺卡都得到了热烈的反馈,一个一向粗疏的朋友收到贺卡后立刻打来电话,说他先是有点儿吃惊,接着感动了好一会儿。给朋友们送一件别致的精神礼品大概是节日里最有意义的事吧。

大学生(女,20岁):

咱们自己的传统节日,特别是春节,当然应该全家聚在一起吃年夜饭。但别的节日,特别是那些从西方传过来的节日,对于像我这样的年轻人就轻松得多,想怎么过就怎么过。比如,今年圣诞节,我和朋友们去一家迪厅开假面舞会,人人都高兴地跳着、唱着、叫着,把平时社会生活、人际交往中戴着的那些"面具"抛到一边,那种狂欢的气氛让人觉得真痛快。节日是让人放松的,能这样偶尔变换一下角色,宣泄一番,暂时忘掉日常生活的压力和束缚,不是很好吗?

商人(男,28岁):

我喜欢所有的节日。从今年起,每个情人节我都将和老婆一起过,因为我结婚了。怎么过?给她送花,一起吃晚饭。母亲节、父亲节,虽然也是洋节,但我也喜欢。怎么过?还是送花、一起共进晚餐。和亲人一起吃饭本来是一件最平常不过的小事,可现在却成了一件要刻意去做的"大事",看来这里边是有些不对头。

秘书(女,30岁):

购物、出门旅游是我和朋友们过节的主要内容,归根结底一句话:花钱呗。每天上班,累死累活的,到这时候还不得慰劳慰劳自己?再说,节前节后,家家商店都在搞促销,什么大酬宾、大减价、大抽奖、大赠送什么的,名目多了去了,又经济又实惠,比平时划算多了。

电影导演(男,40岁):

穿新衣,吃好年夜饭,那是过去对春节的期待。现在,我期待的是在这放假的五天里见见想见的人。这些人分属几个不同的圈子。二十年前当兵时的战友,

第二课 五彩缤纷

见面特别亲；过去共过事、谈得来、现在还联系的朋友，一起回忆回忆往事；多少年来同甘苦、共患难的老同事，一起交流交流感情。当然，我一个四十岁的人，过节不回趟家看看父母，就会心慌，跟谁在一起都不踏实，哪怕就呆一小会儿。

电视节目主持人(男，34岁)：

印象里只有小时候的节日才算节日。现在所有的节日对我来说都是休息。至于休息的方式，我挺向往狂欢。说"向往"，是因为我现在没有。我和父母住在一起。我觉得电视上报道过的"西红柿节"、"葡萄节"最过瘾、最解乏：丰收的时候，人们互相扔西红柿，一起赤脚踩大木桶里的葡萄，看着就带劲儿。要是咱们中国哪儿有这样的节日，赶快告诉我。

(摘编自《三联生活周刊》同名报道)

请你说一说

请在阅读副课文后，向全班同学报告一种你所知道的特别的过节习惯或你自己想出的新奇的过节方式。

第三课　利人利己

主课文

我看吸烟

　　我国有三亿烟民，每位烟民又都有自己独特的吸烟经历与理论。然而，吸烟究竟对自己、对他人、对环境、对社会有没有危害？有多大危害？烟民和非烟民究竟该如何看待、如何相处呢？为此，电视台请来了各方面的嘉宾，进行了以下讨论。

嘉宾一：　医生（以下简称"王医生"）

嘉宾二：　著名演员（以下简称"李先生"）

嘉宾三：　某公司经理（以下简称"方先生"）

主持人：　我们今天谈的话题可以说非常小，多小呢？只有两寸多长。可又可以说是非常大，因为它涉及到工农兵学商等各个行业，和中国的十三亿人有切身的联系，更不用说全世界了。这就是香烟！好，言归正传，我们从为什么吸烟谈起。诸位都吸烟吗？是怎么开始吸烟的？

李先生：　是别人勾引我吸烟的。（笑声）参加工作以后，有比我年龄

第三课　利人利己

大的人,他们抽烟,抽的时候让我:"来一根?""不会,不会。""你瞧你,尝尝!"后来我就尝了,也没什么感觉。后来就跟人要,再后来就自己买……

方先生：我现在不抽烟。可我以前上山下乡,在农村的时候抽过烟,那是入乡随俗,没办法,比如,为了交际得抽烟,人家给了烟,不抽不礼貌、不好意思。另外,在一些特殊情况下,像人家结婚的时候,喜烟,你就不能不抽。不过,我一直觉得抽了以后非常不舒服,嘴里有股很难闻的味儿,自己闻着都难受,就更不用说别人了。回到城里以后,我不愿意因为不好意思而让自己受罪,再说,时代也变了,社会也进步了,男人抽烟不再是天经地义的事了,所以后来就戒了。

主持人：两位嘉宾谈了自己是如何抽上烟的,咱们再听听其他观众的经历。

观众一：我最初吸烟的原因是,刚参加工作的时候自信心不是特别强,好像吸烟能让你显得年龄大一点、成熟一点。

观众二：我抽烟也是受别人诱惑。(笑声)小时候有一个小朋友,有一天很神秘地拿着一盒烟到我这儿来,模仿大人抽烟的样子,感觉确实不错,就开始抽上了。

观众三：我大三的时候,校园里流行过一种思潮,叫"五毒俱全",我就是那个时候学会的。

主持人：真是五花八门。那么,王大夫,您抽烟吗?

王医生：我不抽烟。周围的人都抽烟,我以为我应该反潮流。人家都不抽烟,就我抽烟,这是有发明创造精神,是与众不同;人人都抽烟了,我再抽烟,这简直就是一种人云亦云、没有个性。再说,明明对自己、对他人都没有好处的事你还要去做,就更说不过去了。

高级汉语口语(提高篇)

主持人： 世界上的大多数事情就是这样,有利有弊,差别只在于利大还是弊大而已。那么,李先生,抽烟对您来说是利大于弊还是弊大于利?

李先生： 当然弊多。比如,牙越抽越黑,痰多,爱咳嗽,容易得气管炎、肺心病什么的。还有,在家里,特别是到了冬天,门窗紧闭,一抽全家人都觉得呛,到外边抽又容易感冒。(笑声)不过,有时任务压得很紧,得开夜车的时候,抽烟可以提神,给我灵感。

主持人： 这位小姐在点头,你和他有同感吗?

观众四： 对。我是搞设计的,我们设计室的人都抽烟。大家知道学艺术的人本来就比较自由散漫,抽烟也不是为了扮酷,而是当你思考的时候,手上空空的没有着落,笔也不知下在哪儿好,就抽上烟了。也怪,抽烟就能带来灵感,一抽烟,笔就知道该往哪儿走了。

主持人： 您是不吸烟的,他们的观点您同意吗?

王医生： 我认为,他们说的抽烟可以提神是有前提的,就是上瘾之后才会有这种事。也就是说,香烟里的尼古丁确实有兴奋作用,但长期吸烟之后,尼古丁会把您的神经系统的兴奋程度降低到一个比较低的水平;这时,您再吸烟,只不过是使您的神经系统恢复到正常的兴奋程度罢了。

主持人： 好,下面我们一起来看看大屏幕。(放录像,公共场所,不少人在悠闲地吸烟。)方先生,你觉得我们拍的画面能说明我们国家吸烟的环境很宽松吗?

方先生： 的确如此。我去过一些国家,他们那儿对吸烟的看法就不一样,他们好像觉得吸烟是缺乏教养、没有修养的一种表现,而且,被动吸烟会损害身体健康,增加患病的几率,所

第三课　利人利己

以公共场所是不能吸烟的。

主持人： 被动吸烟的问题已经引起了人们的注意。那么吸烟人和不吸烟人应该怎样相处呢？

李先生： 应该互相尊重。抽烟的人应该尊重不抽烟的人，不要强迫人家去吸二手烟；不吸烟的人也应该尊重抽烟的人，他已经是这么一个现实在这儿摆着。我觉得不能把什么事都说得太绝对了。我同意吸烟有害，但不同意把害处夸大到让人听了都不敢相信的地步。吸烟和吸毒毕竟不是一个概念。人活一辈子，不光是因为吸烟就不健康了，还有什么家庭纷争，两口子老吵架，工作紧张，压力过大，环境恶劣等等。我觉得汽车的尾气、炒菜的油烟对健康的危害可能比被动吸烟更厉害。

王医生： 我不太同意李先生的说法。事实胜于雄辩。我这儿有份儿资料给大家看一下儿。近日世卫组织发表的一份调查报告表明，半个世纪内，发展中国家因吸烟而导致死亡的人数达6000万人。全球每年死于吸烟的人数为300万，每分钟就有6人死于吸烟。癌症患者中有五分之二与吸烟有关，而在与吸烟有关的疾病中，死于肺癌的占45%，吸烟患肺癌的危险性比不吸烟的高10倍。换而言之，吸烟是世界上引起死亡的最大诱因之一。也正因为如此，现在，在发达国家，吸烟的人越来越少。而我们国家的吸烟人口据说还在以每年2%的速度递增，这不是很可怕吗？因此，强调吸烟，特别是吸二手烟的危害，促使人们，特别是年轻人远离香烟，是很有积极意义的。

方先生： 我补充一点，最近，北京等城市已经颁布了有关法律，禁止在医院、幼儿园、托儿所、中小学、公交车辆等八类公共场

高级汉语口语(提高篇)

所吸烟。法律颁布后,已经产生了两方面的积极作用,一是戒烟的人数大大增加了,特别是在办公室工作的人;二是吸烟人和不吸烟人在互相尊重的道德准则之外,又有了法律准则,更容易和睦相处了。

主持人: 我们在一起度过了一段愉快的时间。每个人都实话实说,发表了自己的观点。谢谢大家的参与。希望观众朋友们经常收看我们的节目。再见。

(改编自中央电视台《实话实说》节目)

● **词 语**

1. 嘉宾	(名)	jiābīn	尊贵的客人。
2. 涉及	(动)	shèjí	和……有关系、有联系。
3. 切身	(形)	qièshēn	跟某人有密切的关系。
4. 言归正传		yánguīzhèngzhuàn	白话小说里的套语,把所说的内容转回到主题。
5. 勾引	(动)	gōuyǐn	引诱人做不正当的事。
6. 入乡随俗		rùxiāng-suísú	到什么地方就顺从什么地方的风俗。
7. 喜烟	(名)	xǐyān	结婚时请客人吸的烟。
8. 受罪		shòu zuì	受折磨,也泛指遇到不愉快的事。
9. 天经地义		tiānjīng-dìyì	事情按道理应该这样。
10. 诱惑	(动)	yòuhuò	使用不正当手段,让别人干坏事。
11. 思潮	(名)	sīcháo	思想潮流。
12. 人云亦云		rényún-yìyún	别人怎么说自己也怎么说,

第三课 利人利己

			形容一个人没有自己的主见或独特的见解。
13. 利弊	（名）	lìbì	好处和坏处。
14. 利大于弊		lìdàyúbì	好处大于坏处。反义词：弊大于利。
15. 提神	（动）	tíshén	消除疲劳，使精神兴奋。
16. 灵感	（名）	línggǎn	研究、创作等工作中有创造性的思路。
17. 着落	（名）	zhuóluò	（最后的）结果。
18. 上瘾		shàng yǐn	爱好某种事物而成为嗜好。
19. 屏幕	（名）	píngmù	screen
20. 宽松	（形）	kuānsōng	环境松快，没有严格的限制、规定。
21. 教养	（名）	jiàoyǎng	文化、道德等方面的修养。
22. 修养	（名）	xiūyǎng	养成的待人处事的正确方式与态度。
23. 几率	（名）	jīlǜ	概率。
24. 夸大	（动）	kuādà	把事情说得超过了原有的程度。
26. 毕竟	（副）	bìjìng	从根本上来说得出的结论。
27. 概念	（名）	gàiniàn	反映客观事物的一般、本质的特征。
28. 尾气	（名）	wěiqì	汽车发动机排出的废气。
29. 油烟	（名）	yóuyān	烹调时产生的烟雾。
30. 诱因	（名）	yòuyīn	导致某种事情发生的原因（多指疾病）。
31. 递增	（动）	dìzēng	一次一次递进地增加。
32. 颁布	（动）	bānbù	公布法律、规定等。
33. 准则	（名）	zhǔnzé	言论、行为所遵守的原则。

高级汉语口语(提高篇)

● 注　释

1. 上山下乡　　"文化大革命"期间,城镇的青年学生中学毕业后到农村劳动锻炼的群众运动。

2. 五毒　　　　原指"吃、喝、嫖、赌、毒"。在此泛指抽烟、喝酒等不良嗜好。

3. 反潮流　　　做法或想法和目前流行、认同的思想、行为相反。

4. 扮酷　　　　为了张显自己的个性,特意与众不同。

5. 尼古丁　　　Nicotine的汉语音译,是香烟中的主要有害化学成分之一。

6. 被动吸烟　　科学研究证明,吸烟时散发的烟雾对旁边的不吸烟人的健康有危害。这种不吸烟人的被动吸入烟雾就是被动吸烟,本文也称之为"吸二手烟"。

7. 世卫组织　　世界卫生组织(WHO)的简称。

● 练　习

一　请用正确的语气和语调朗读下列句子:

1. 今天谈的话题可以说非常小,多小呢?只有两寸多长。可又可以说是非常大,因为它涉及到工农兵学商等各个行业,和中国的十三亿人有切身的联系,更不用说全世界了。

2. 参加工作以后有比我年龄大的人,他们抽烟,抽的时候让我:"来一根?""不会,不会。""你瞧你,尝尝!"后来我就尝了。

3. 我最初吸烟的原因是,刚参加工作的时候自信心不是特别强,好像吸烟能让你显得年龄大一点、成熟一点。

4. 人人都抽烟了,我再抽烟,这简直就是一种人云亦云、没有个性。再说,明明对自己、对他人都没有好处的事你还要去做,就更说不过去了。

5. 当你在思考的时候,手上空空的没有着落,笔也不知下在哪儿好,就抽上烟了。也怪,抽烟就能带来灵感,一抽烟,笔就知道该往哪儿走了。

6. 我同意吸烟有害,但不同意把害处夸大到让人听了都不敢相信的地步。吸烟和吸毒毕竟不是一个概念。

第三课 利人利己

7. 人活一辈子,不光是因为吸烟就不健康了,还有什么家庭纷争,两口子老吵架,工作紧张,压力过大,环境恶劣等等。

8. 在这种情况下,强调二手烟的危害,促使人们,特别是年轻人远离香烟,还是很有积极意义的。

 请说出下列各句中画线部分的含义:

1. 好,<u>言归正传</u>,我们从为什么吸烟谈起。<u>诸位</u>都吸烟吗?是怎么开始吸烟的?

2. 我以前<u>上山下乡</u>,在农村的时候抽过烟,那是<u>入乡随俗</u>,没办法。

3. 周围的人都抽烟,我以为我应该<u>反潮流</u>。人家都不抽烟,就我抽烟,这是有发明创造精神,是与众不同;人人都抽烟了,我再抽烟,这简直就是一种<u>人云亦云</u>、没有个性。

4. 世界上的大多数事情都是有利有弊,差别只在于利大还是弊大而已,那么,李先生,抽烟对您来说是<u>利大于弊</u>还是弊大于利?

5. 大家知道学艺术的人本来就比较自由散漫,抽烟也不是为了<u>扮酷</u>。

6. 他们好像觉得吸烟是<u>缺乏教养</u>、没有修养的一种表现,而且,<u>被动吸烟</u>会损害他人的健康。

7. 不吸烟的人也应该尊重抽烟的人,他已经是这么一个<u>现实在这儿摆着</u>。

8. <u>事实胜于雄辩</u>。我这儿有份儿资料给大家看一下儿。

 请根据课文的内容,用指定词语回答下列问题:

1. 为什么说吸烟这个话题既很小又很大?

> 两寸 涉及 行业 切身 联系 更不用说

2. 人们吸烟的原因有哪些?

> 勾引 上山下乡 入乡随俗 自信心 成熟
> 诱惑   模仿   大三   思潮

3. 对吸烟的利弊吸烟者和不吸烟者的看法有什么差别?

> 害处 咳嗽 气管炎 呛 教养 损害 几率

43

高级汉语口语(提高篇)

　　开夜车　提神　灵感　思考　着落　兴奋

4. 那位李先生认为,吸烟者和不吸烟者应该怎样相处?

　　尊重　强迫　二手烟　现实　绝对

5. 那位王医生举出的事实是什么?

　　世卫组织　调查报告　因素　发展中国家
　　全球　癌症患者　肺癌

6. 北京市最近公布的有关吸烟的法律内容是什么?产生了什么作用?

　　颁布　禁止　两方面　积极　戒烟　道德准则　和睦相处

四　语言实践:

1. 总结课文中吸烟者和不吸烟者的观点和理由。
2. 请同学分组,分别代表吸烟和不吸烟者的立场陈述自己的观点,并反驳对方的观点。

要求:请使用本课学过的词语和句式,至少3个。

 词汇学习

一　请在句中填入适当的词语:

　　人云亦云　入乡随俗　天经地义　利大于弊　递增
　　言归正传　涉及　勾引　受罪　提神　提倡

1. 你认为妇女走出家庭是弊大于利还是(　　　)?
2. 你应该去寻找属于自己的幸福,不应该(　　　)人家有妇之夫。
3. 父母养育子女,儿女孝顺老人是(　　　)的事情。
4. 近几年,这家商场的销售额以每年10%的速度(　　　)。
5. 不闲聊了,(　　　),你今天找我是有什么事要我帮忙吧?
6. 你不要(　　　),应该用用自己的脑子,好好儿想一想。
7. 我们在同学之间,(　　　)团结友爱,互助合作的精神。
8. 看别人吃得津津有味,而自己却一口也不能吃,真是(　　　)。

第三课　利人利己

9. 到了异国他乡,应该尽快适应当地的环境,(　　　　)嘛。
10. 这可不是一件小事,它(　　　　)到千家万户。

二　从所给的词语中选择一个,完成句子:

1. 请(宽松/轻松/放松)一些,别太紧张,太紧张会影响水平的发挥。
2. 他(毕竟/究竟/竟然)比我大几岁,见多识广,禁得起各种诱惑。
3. 在学校的宣传栏上,(颁布/宣布/公布)了考试作弊学生的名单和处分决定。
4. 我觉得像吐痰、随手扔垃圾等不文明现象是缺乏(教养/修养/抚养)的表现。
5. 学校给每个学生发了一本《大学生行为(规则/准则/守则)》,希望他们能自觉做一个合格的大学生。

三　组词练习:

现代汉语中,双音节词占绝对优势。一个汉字可以和不同的汉字结合,构成意义不同的词汇;结合时,同一个字的位置可以在前,也可以在后。例如:

同:同学,同行,同乡,同事,同志;同心,同等;同意,同情……
　　合同,异同,共同;一同,随同,连同;等同,相同,赞同……

如果你常有意识地进行这种组词练习,对扩大词汇量很有帮助。

请在课后每人找两个常用的汉字,利用工具书(例如《现代汉语词典》与《倒序现代汉语词典》)做组词练习。

语言要点与操练

● 怎么说

发表见解(一)

阐述观点、发表见解时,我们常会用下列句式来谈自己的看法、举例阐述或进行进一步说明:

1. 我(我们)认为(以为)……/我想(看;觉得;感觉)……

   我的观点(看法;意见;想法)是……/我有这么个想法……/我是这样想的……

   我个人的看法(意见;想法;观点)是……/我个人认为(以为)……

   我有个不成熟的想法…… 我发现……/我琢磨着……

2. 比如(例如)……

   比如说……/比方说……

   举个例子……/打个比方……

   就拿……来说,……/就说……吧,……

   像……,……

3. 或者说,……/换句话说……

   也就是说……/换而言之……

   简而言之……

   说白了……

   我的意思是……/我是说……

语气(一)

表态语气(1):加强语气的方法

为表明自己的立场和态度,以及对某一方面、某一观点的强调,我们常常需要加强自己的语气。加强语气的办法很多,分析起来,主要有两大类:使用某些词汇和特定句式。应该特别注意的是,这些词汇或句式都有各自特定的意义和使用场合,把其中细微的差别搞清楚,说起话来才会得体。以下就是一些常用的词汇和句式:

1. 就/真/太/准/可

   完全/根本/压根儿/一点儿也不(没有)

   幸亏/多亏/还好/竟/竟然/居然

   偏偏/明明

第三课 利人利己

究竟/到底/毕竟/简直/反正
不管/不管怎样/无论/无论如何
一定/必定/确实/的确/绝对/绝不/决不

2. ……,特别是……;……,尤其是……
   什么(哪儿/谁/怎么)……都/也……
   哪儿……啊!/不是……吗?
   连……也/都……
   是(+动词/形容词)
   是……的
   双重否定:
   不……不……/没有……(就)没有……/没有……不……

练习:请在后面的"交流和讨论"中至少用五个上述的句式发表自己的观点。

● **句式和表达**

1. 究竟
   例句:吸烟究竟对自己、对他人、对环境、对社会有没有危害?有多大危害?烟民和非烟民之间究竟该如何看待、如何相处呢?

   表达:
   (1) 我想弄明白;你是在跟我开玩笑,还是真的要这样做。
   (2) 我还没有决定哪个比较好。回家乡找一份工作;留在北京找一份工作。
   (3) 我真不明白她为什么那么爱逛街,……
   (4) 打电话,一聊就是一小时? ……
   (5) 电视虽然已经成为我们生活不可缺少的一部分,……

2. ……(就)更不用说了
   例句:它涉及到工农兵学商等各个行业,和中国的三亿人有切身的联系,更不用说全世界了。

47

表达:

(1) 他是一个体育迷;整天守着电视;各种比赛都看得津津有味;家乡球队的比赛当然一定要看。

(2) 小王一向认真仔细;每到朋友的生日,他一定会记得寄生日卡;他女朋友的生日,他当然忘不了。

(3) 他的汉语可好了! 正式的外交场合也能应付自如;……

(4) 那个地方很偏僻,也很落后,连一家像样的小卖部都没有,……

(5) ……,更不用说帮助别人了。

3. ……,再说,……

例句:回到城里以后,我不愿意因为不好意思而让自己受罪,再说,时代也变了,社会也进步了,男人抽烟不再是天经地义的事了,所以后来就戒了。

表达:

(1) 酗酒可是个坏毛病;喝醉了,糊里糊涂的,很容易干傻事;对身体也没有好处。

(2) 昨天晚上我没去看那个电影;我对打打杀杀不太感兴趣;今天口语课有个小测验,我得好好准备准备。

(3) 周末,我喜欢睡个懒觉,忙了一个星期了嘛!……

(4) ……,再说,我是个乐盲,对音乐一窍不通。

(5) 我就是想好好儿学学烹调,……

4. 简直

例句:人人都抽烟了,我再抽烟,这简直就是一种人云亦云、没有个性。

表达:

(1) 房间里很安静;如果有一根针掉在地上也能听得见。

(2) 他很瘦;像是皮包着骨头。

(3) 等车的时候时间好像过得特别慢;十几分钟好像过了一个小时。

(4) 新来的同学很活泼;虽然二十多了,可还像一个大孩子。

(5) 这件事情太出乎意料之外了;我们都不敢相信。

第三课　利人利己

5. 虽然……,毕竟……

例句:我同意吸烟有害,但不同意把害处夸大到让人听了都不敢相信的地步。
　　　吸烟和吸毒毕竟不是一个概念。

表达:
(1) 有汽车很方便,不用挤公交车;但还是应该先买房子;汽车不是生活必需品。
(2) 我已经大学毕业了;但是还没什么经验;所以,还得请你多多指教。
(3) 虽然这个问题不容易,但他毕竟是学校的高材生,……
(4) ……,毕竟在北京呆过两年嘛!
(5) 虽然一个人出国学习会遇到不少困难,……。

6. ……占……

例句:在与吸烟有关的疾病中,死于肺癌的占45%,吸烟患肺癌的危险性比不
　　　吸烟的高10倍。

表达:
(1) 能熟练使用计算机并喜欢上网聊天儿、打游戏的人,大多数是年轻人。
(2) 地球的森林覆盖面积至少应该达到陆地面积的10%。
(3) 地球表面,海洋面积……
(4) 据调查,北京市人口1251万,其中流动人口392万,……
(5) 我们学校的学生中,……

7. 换而言之

例句:换而言之,吸烟是世界上引起死亡的最大诱因之一。

表达:
(1) 吸烟、酗酒对身体没有好处;也可以说,这么做就等于慢性自杀。
(2) 他这个人没有经济头脑;也就是说,如果他去炒股票,不亏本那才是怪事!
(3) 北京的交通堵塞问题并不在交通本身,……
(4) 我只有在心情不好的时候才去健身房,……
(5) 现在,地球上的森林面积正在缩小,南极冰川开始融化,……

高级汉语口语(提高篇)

交流和讨论

热身练习:请思考

1. 你有什么嗜好吗?你认为它对你有什么影响?
2. 判断一种嗜好是好是坏有什么标准?
3. 有人认为,"人总是要死的,抽烟、喝酒,让生活轻松、愉快一些没有什么不好"你同意这种看法吗?为什么?
4. 生活中有哪些利人利己、损人利己、损人不利己的事? 请举例说明。

课堂讨论

怎样才能利人利己

1 遵守社会公德:

讲卫生:清洁;保护环境;垃圾分类;不随意丢弃塑料袋、废弃物

守秩序:排队;谦让;加塞儿;拥挤;争先恐后;欲速则不达

遵守交规:礼让;路口;十字路口;丁字路口;红绿灯;人行横道;减速慢行

2 养成良好的生活习惯:

吸烟;公共场所;他人;被动吸烟;弹烟灰;烟头;火灾;尼古丁;焦油;呼吸道;气管;肺癌;疾病;喝酒;劝酒;醉;头疼;酗酒;肝脏;神经;酒精中毒;酒后驾车;交通事故;打喷嚏;吐痰

3 己所不欲,勿施于人:

待人热情;助人为乐;同情心;理解;冷淡;添麻烦;妨碍;为难;刁难;安静;自律;照顾;尊重;权利;体谅;吵闹;喧哗;打扰;影响;烦躁;工作;休息

第三课　利人利己

副课文

喝酒的利与害

　　酒和我们每个人的生活有着或多或少的联系。节日、欢庆的时候,大家少不了举杯庆贺;悲伤失意的时候,不少人也会借酒浇愁……。酒,既有利,也有害,怎样才能趋利避害呢?最重要的恐怕还是一个"适"字,适量、适度、适时……

嘉宾一：　著名作家(简称"作家")
嘉宾二：　某公司经理(简称"经理")
嘉宾三：　某中学教师(简称"教师")
嘉宾四：　某医院医生(简称"医生")
主持人：　今天,我们谈的是喝酒的话题。刘先生,据说您是海量,能不能给大家说说,喝酒有什么作用?
作　家：　有这么个笑话:有个人牙疼,就到医院去看病。大夫看了以后说:"不行了,你这颗牙得拔掉。"大夫拿起手术钳刚要给他拔,这人却说:"不行,我怕疼。"大夫想了想,想出了一个主意:"实在怕疼,你就喝口酒吧。"这人喝了一口,可还是怕;就又喝了一口。等大夫再次拿起手术钳,他还是紧张,大夫只好允许他喝第三口。没想到,喝完第三口,他

"砰"地一声把酒瓶砸在桌子上,大声喊道:"今天我看你们谁敢拔我的牙?"(全场大笑)你看,酒的作用不小吧?当然,除了壮胆之外,酒的作用很多,要根据不同的人、不同的场合,具体问题具体分析。

主 持 人:就您自己而言,喝酒有什么好处?
作　　家:我是个文人,喝了酒以后,常常能产生一种创作的灵感和激情。
主 持 人:这么说,当初,就是为灵感和激情您才开始喝酒的吗?
作　　家:那倒不是。大概是18岁吧,那年,我们去山上劳动,冬天很冷,冰天雪地的,一天下来,非常辛苦。怎么办呢?喝点儿酒吧。就喝上了。
主 持 人:王先生,您的体会呢?
经　　理:喝酒其实是练出来的。我父母不喝酒,我小时候也没沾过酒。后来上学了,先是在宿舍里和同学喝酒,后来发现可以酒会友。几个人原来不认识,到一起喝了酒以后,谈得投机,就交上朋友了。以后继续在一起喝酒,慢慢就成为老朋友了。(笑声)
主 持 人:你有很多这种酒友吗?
经　　理:有,不算很多。不过,现在工作了,喝酒和以前不一样,有的酒好喝,有的酒不好喝。在自己家里,喝一点让精神放松一下,好喝;三五个亲朋好友聚在一起,边喝边聊,好喝;生意场上的应酬酒,不好喝。
主 持 人:肖女士,您有什么观点?
教　　师:我自己不喝酒。虽然我并不反对别人喝酒,但我对现在的"劝酒风"确实有些反感,甚至可以说是害怕。比如,在社交的场合,主人必须劝酒,不劝别人就会说你不实在;客人呢,劝了你不喝就是不够意思、不够朋友。听说还有句顺口溜:交情深,一口闷;交情浅,舔一舔。这种风俗习惯损人不利己,实在应该改正。(掌声)
主 持 人:(对一位外宾)您对喝酒怎么看?
外　　宾:怎么说呢?我自己也比较喜欢喝酒。不过我喝的是比较淡的啤酒、葡萄酒,度数高的烈性酒,像威士忌,很少喝。
主 持 人:喝过白酒吗?
外　　宾:喝过。有一次,我参加一个宴会,请我的那个单位的领导自己不喝酒,

第三课　利人利己

喝矿泉水,却让我喝白酒。(笑声)我就说,向领导学习,喝矿泉水。没想到,那位领导就换了杯子,跟我一起喝白酒。

主持人：为了友谊,他豁出去了。后来怎么样了?

外　宾：我们都醉了。我第二天一天都头疼。后来,听朋友说,这位领导平时不喝白酒,那天喝那么多,他们也是第一次见到。(笑声)

主持人：看来,酒喝多了是不行。王大夫,最近报上说,法国盛产葡萄酒,因为常喝葡萄酒,法国人心脏病、高血压的发病率比较低。对这个报道你怎么看?

医　生：是有这么条新闻,但其中有多少科学性,我不敢说。从医学角度看,适量地饮用低度酒,特别是用水果酿制的,比如,晚餐时喝一小杯,50CC到100CC,有助于血液循环和身体的放松,对健康是有益的。不过,就我的工作经历而言,因为饮酒过度而损害健康的人也确实不在少数。节假日,有些人一下子喝得太多,结果发生急性酒精中毒;有的人嗜酒成瘾,结果得了慢性酒精中毒,导致肝硬化、低血糖症,严重的甚至会损伤大脑。至于酒后开车,发生交通事故的就更不用说了,反正,每年都不少。

主持人：谢谢各位来宾发表了自己的见解。酒虽然香醇,但喝酒的人却应该有理、有节、有度。希望我们通过喝酒成为好朋友。下次节目再见。

(改编自中央电视台《实话实说》节目)

请你说一说

戒烟、戒酒的方法很多,但似乎都不太理想。你听说过什么新奇的方法?发挥想像力,为"瘾君子"们支一招。

第四课　刻不容缓

主课文

人类与水资源危机

　　水是生命之本。据生物学家计算，生物体内，水一般要占体重的70%以上。人类诞生以后，水则是人类文明发展的必备条件。历史学家指出，古代文明的出现无一不与水有关；尼罗河孕育了古埃及的不朽文明，黄河、长江滋养了中华五千年的悠久文化，蓝色的地中海造就了古希腊、罗马的辉煌时代……

　　在新的世纪，全球以及中国目前的水资源状况究竟如何？带着这个问题，记者走访了中国有关方面的专家。

记　者：据说，世界的水资源正在迅速减少，水供应日趋紧张，情况是否真的非常严重？

专　家：联合国2003年发表了一份世界水资源评估报告，报告说，目前世界上没有哪个地区没有水资源危机。一种最坏的估计是，到本世纪中叶，将有60个国家的近70亿人口面临缺水问题。即便是最乐观的估计，也将有48个国家的约

第四课　刻不容缓

20亿人口缺水。

记　　者：“缺水"是一个什么样的概念？有没有具体的标准？

专　　家：现在公认的标准是：人均年可用水量不能低于一千立方米，低于这个标准，现代社会的发展则会受到影响。用这个标准来衡量，目前全球的水资源情况不容乐观。

记　　者：您认为，为什么会出现全球性的水资源危机呢？

专　　家：主要有以下几个方面的原因。首先，世界人口的持续增长使水资源的需求不断增大，而地球上的水资源是有限的。其次，人们对自然的开发，特别是森林的砍伐、植被的破坏，导致了生态环境的进一步恶化，造成了水资源的不断减少。再次，工业生产、各种垃圾以及杀虫剂等造成的水污染又使可以使用的淡水资源急剧减少。联合国的这份报告显示，目前亚洲国家所有流经城市的河流都已经被污染，而欧洲55条大河中只剩下5条河流还没有被污染，形势十分严峻。此外，全球气候的变化也造成了约20%的缺水问题。

记　　者：我国的缺水情况怎么样？

专　　家：可以说相当严重。我这儿有几个数字，我国有世界20%的人口，却只有世界水资源的7%，人均水资源占有量只有两千二百立方米，仅相当于世界平均水平的四分之一。在全国640个城市中，缺水城市达300多个，其中严重缺水的城市114个，日缺水1600万吨，每年因缺水造成的直接经济损失达2000亿元，每年因缺水少产粮食700到800亿公斤。此外，三分之二的地表水和二分之一的城市地下水的水质都受到了较严重的污染，水质危机远远超过了水量危机，必须引起高度的重视。

记　　者：有人认为,水资源的缺乏不但会影响社会的发展及人民生活水平的提高,而且会加剧国家间的紧张关系,成为国家、地区争端的潜在原因之一。您同意这种看法吗?

专　　家：的确是这样。从国际关系的角度来看,水资源与国际安全的关系表现为:第一,很多水系是多国共有的,某些上游国家可以通过修建水利设施来增加自己的用水量,但这样一来,就会影响到中、下游国家的用水,同时这些国家也不能确保得到足够的干净用水。第二,从目前的情况来分析,一些人口增长速度过快的干旱、半干旱的国家将很快进入严重缺水状态,这可能导致争夺水资源的战争。

记　　者：如此看来,解决水危机真是刻不容缓。那么,解决缺水问题的方法有哪些呢?

专　　家：首先应该考虑的是节约用水、合理用水。工业上应该提高生产技术和工艺,降低耗水量和排污量,同时较好地处理工业污水,最好能循环使用。农业方面,应该废弃粗放型灌溉方式,推广使用节水技术,如喷灌、滴灌。生活用水方面,应该采用先进的节水设施,提倡用中水浇花、洗车等,以提高水的重复利用率。每个人也应该在生活中养成自觉节约用水的习惯,坚决杜绝"长流水"现象。为了达到上述目的,可以考虑发挥经济杠杆的作用,比如提高水价。

记　　者：除此之外还有其他办法吗?

专　　家：实行计划生育,控制人口数量,降低人口的增长速度;与此同时,植树造林,提高土地的植被覆盖率,改善生态环境,这是解决问题的根本方法,但在短时间内很难做到。就具体措施来说,加强水利建设,合理调配水资源是目前使用得比较多的一个办法。

第四课　刻不容缓

记　者：在结束采访之前,能总结一下您的观点吗?

专　家：水是生命存在的最基本条件,它对人类和人类社会的重要性是不言而喻的。同时,水又是地球生态环境的重要组成部分,影响水资源的因素是多方面的、复杂的。解决缺水问题,涉及到方方面面,既需要国际社会的协调努力,又需要每个国家根据自己的国情制定明智的政策、法律、法规,还需要每个人从一点一滴做起。总之,当人类文明取得巨大进步时,我们应该牢记,只有顺应自然、保护环境、珍惜资源,明天才会更加美好。

记　者：谢谢您接受我们的采访,再见!

● 词　语

1. 刻不容缓		kèbùrónghuǎn	片刻也不能拖延。形容形势急迫。
2. 资源	(名)	zīyuán	生活资料或生产资料的天然来源。
3. 孕育	(动)	yùnyù	怀胎生育,常用来比喻从存在的事物中逐渐产生新的事物。
4. 不朽	(形)	bùxiǔ	永远不会消失。
5. 滋养	(动)	zīyǎng	提供养分,使之成长壮大。
6. 造就	(动)	zàojiù	培养,使之获得成就。
7. 辉煌	(形)	huīhuáng	光辉灿烂。
8. 日趋	(动)	rìqū	一天一天地走向:~繁荣;~没落。
9. 评估	(动)	pínggū	评议估计,评价。
10. 衡量	(动)	héngliáng	比较、评定。
11. 不容		bù róng	书面语,不许,不让:~怀疑。
12. 持续	(副)	chíxù	延续不断。

高级汉语口语(提高篇)

13. 砍伐	（动）	kǎnfá	用锯子、斧头等工具把树木弄倒。
14. 植被	（名）	zhíbèi	科学用语,指某一地区地面上所有植物的总称。
15. 生态	（名）	shēngtài	科学用语。指生物在一定自然环境下的生存和发展状态。
16. 恶化	（动）	èhuà	向坏的方面变化。
17. 杀虫剂	（名）	shāchóngjì	杀死蚊子蟑螂等有害昆虫的药剂。
18. 急剧	（副）	jíjù	急速;迅速而剧烈。
19. 严峻	（形）	yánjùn	严重。
20. 损失	（名）	sǔnshī	没有代价地消耗或失去(的东西)。
21. 加剧	（动）	jiājù	加深严重程度。
22. 争端	（名）	zhēngduān	引起争执的事由。
23. 水系	（名）	shuǐxì	江河流域内干流、支流的总称。
24. 上游	（名）	shàngyóu	江河靠近水源的部分,和中游、下游相对。
25. 水利设施		shuǐlì shèshī	利用水资源,防止洪涝、干旱等自然灾害的工程设施。
26. 耗水量		hàoshuǐliàng	水的消耗量。
27. 排污量		páiwūliàng	污染物的排出量。
28. 循环使用		xúnhuán shǐyòng	指工业废水经过处理后再次使用。
29. 灌溉	（动）	guàngài	把水输送到田地里。
30. 杜绝	（动）	dùjué	制止;消灭(坏事)。
31. 覆盖	（动）	fùgài	遮盖。
32. 调配	（动）	tiáopèi	调动分配。
33. 不言而喻		bùyán'éryù	不用说就可以明白。
34. 方方面面		fāngfāng-miànmiàn	各个方面。
35. 协调	（动）	xiétiáo	使配合适当。
36. 一点一滴		yìdiǎn-yìdī	形容零星微小的事情。

第四课　刻不容缓

注　释

1. 尼罗河　　　非洲第一大河,世界最长的河流。
2. 古埃及文明　已知最古老的人类文明,今天仍以金字塔闻名。
3. 地中海　　　位于亚、非、欧三大洲的接合处,是世界最大的内海。
4. 计划生育　　通过控制每对夫妇生育子女的数目来控制人口过度增长的方法。

练　习

一、请用正确的语气和语调朗读下列句子:

1. 历史学家指出,古代文明的出现无一不与水有关;尼罗河孕育了古埃及的不朽文明,黄河、长江滋养了中华五千年的悠久文化,蓝色的地中海造就了古希腊、罗马的辉煌时代……
2. 据说,世界的水资源正在迅速减少,水供应日趋紧张,情况是否真的非常严重?
3. 到本世纪中叶,将有 60 个国家的近 70 亿人口面临缺水问题。即便是最乐观的估计,也将有 48 个国家的 20 亿人口缺水。
4. 联合国的这份报告显示,目前亚洲国家所有流经城市的河流都已经被污染,而欧洲 55 条大河中只剩下 5 条河流还没有被污染,形势十分严峻。
5. 我国有世界 20% 的人口,却只有世界水资源的 7%,人均水资源占有量只有两千二百立方米,仅相当于世界平均水平的四分之一。
6. 有人认为,水资源的缺乏不但会影响社会的发展及人民生活水平的提高,而且会加剧国家间的紧张关系,成为国家、地区争端的潜在原因之一。您同意这种看法吗?
7. 实行计划生育,控制人口数量,降低人口的增长速度;同时,植树造林,提高土地的植被覆盖率,改善生态环境,这是解决问题的根本方法。
8. 总之,当人类文明取得巨大进步时,我们应该牢记,只有顺应自然、保护环境、珍惜资源,明天才会更加美好。

高级汉语口语(提高篇)

二 请说出下列各句中画线部分的含义

1. 历史学家指出,古代文明的出现<u>无一不</u>与水有关。
2. 据说,世界的水资源正在迅速减少,水供应<u>日趋</u>紧张,情况<u>是否</u>真的非常严重?
3. 用这个标准来衡量,目前全球的水资源情况<u>不容乐观</u>。
4. 人们对自然的开发,特别是森林的砍伐、<u>植被</u>的破坏,导致了<u>生态环境</u>的进一步恶化,造成了水资源的不断减少。
5. 三分之二的<u>地表水</u>和二分之一的城市地下水的水质都受到了较严重的污染,<u>水质危机</u>远远超过了<u>水量危机</u>,必须引起高度的<u>重视</u>。
6. 很多水系是多国共有的,某些<u>上游</u>国家可以通过修建水利设施来增加自己的用水量。
7. <u>如此看来</u>,解决水危机真是<u>刻不容缓</u>。那么,解决缺水问题的方法有哪些呢?
8. 水是生命存在的最基本条件,它对人类和人类社会的重要性是<u>不言而喻</u>的。

三 根据课文内容,用指定的词语回答下列问题:

1. 请说明水的重要性。

   > 生命　体重　文明　无一　孕育　滋养　造就

2. 目前世界水资源的情况怎么样?

   > 联合国　评估　估计　中叶　面临　乐观

3. 为什么会出现全球性的水危机?

   > 人口　持续　有限　开发　恶化　水污染　急剧

4. 中国的缺水情况怎么样?

   > 严重　人均　占有量　相当于　城市　损失　水质

5. 解决缺水问题有哪些方法?

   > 工业　技术　排污量　循环;农业　废弃　推广;生活　设施

第四课　刻不容缓

6. 请总结一下专家的观点。

> 不言而喻　生态环境　涉及　协调　政策　一点一滴

四　语言实践：

1. 根据课文,简单概述一下水危机的情况。
2. 你们国家有没有水危机的情况,请简单介绍一下儿。

词汇学习

一　请在句中填入适当的词语：

> 不言而喻　刻不容缓　一点一滴　方方面面　植树造林

1. 由于滥砍乱伐,造成了水土大量流失,环境日益恶化。因此,保护环境（　　　）。
2. （　　　）,绿化环境,是给后代子孙造福的大事。
3. 吸烟损害身体健康,特别是吸二手烟。因此,妈妈吸烟对孩子的损害是（　　　）的。
4. 建设精神文明应该从身边做起,从（　　　）的小事做起。
5. 要想成功地举办奥运会,需要（　　　）的努力和付出。

二　从所给的词语中选择一个,完成句子

1. 今年这个地区(持续/继续/连续)干旱少雨,农作物大幅度减产。
2. 这种化妆品能(滋养/营养/抚养)皮肤,很受年轻女性的欢迎。
3. 这所名校,(造就/造成/制造)了许多优秀人才。
4. 这家学校的师资水平很高,环境也很优美,就是教学(设施/设备/设想)比较落后。

三　以下这些词语在构成上有什么规律？请查词典各找出五个结构类似的词语。

水资源;水供应;水污染

需求量；占有量；耗水量；排污量；人均年可用水量
人均；年均
米；平方米；立方米

语言要点与操练

● **怎么说**

交谈（二）：
　　提问的几种常用方法：

第一人称	请问……/我想问一下……
	我想直率地（不客气地/冒昧地）问一句……
	我想向您（你）提个问题，……
	我想请您（你）谈谈……，可以吗？
第二人称	能……吗？
	您（你）认为（觉得/想）……/您（你）的观点是……
	您（你）能不能告诉我，……
	您（你）对……怎么看（有什么看法）？
	关于……，您同意吗（您怎么看）？
就事实提问	据说（听说/有人认为）……，您……
	为什么……
	怎么……呢
	情况有多严重？
	这是事实吗？

发表见解（二）
　　以下句式可以用来开始阐述、指明论说层次及归纳、总结观点：
1. 确实，……/你说得对，……/的确如此，……

第四课　刻不容缓

据调查(统计/估计)……
我们应该看到,……
我倒不这么认为,……
这么看虽然也有道理,但是……
这么做好是好,就是……
退一步说……

2. 一方面……(另)一方面……
   第一……第二……第三……
   首先……其次……再次……此外……最后……
   一来……二来……
   一则……二则……

3. 总之,……/总而言之,……
   可见,……/由此可见……
   说到底……/归根结底……
   我坚信……/我相信……

练习：请在后面的"交流和讨论"中设计一个采访提纲,其中至少包括五个不同的提问句式。

● **句式和表达**

1. 即便……也……
   例句：即便是最乐观的估计,也将有48个国家的20亿人口缺水。
   表达：
   (1) 这次事故发生得太突然了,根本没有时间反应,有多年驾驶经验的老司机也无法避免。

63

(2) 如果你自己不努力不下功夫,家长花再多钱,送你去再好的学校,也不会有成效。

(3) 你得的这种病非常罕见,……

(4) 应该加强全民的节水意识教育,……

(5) "无力回天"的意思是……

2. ……,则……

例句:人均年可用水量不能低于一千立方米,低于这个标准,现代社会的发展则会受到影响。

表达:

(1) 很多国家如果不及时采取措施,管好水源,将会面临缺水的难题。

(2) 只有知识和能力,但是缺乏坚强的意志、远大的目标、持之以恒的精神,那么很难获得成功。

(3) 保护动物应该动员全社会的力量,……

(4) "穷则思变"的意思是……

(5) "欲速则不达"的意思是……

3. 首先,……其次,……再次,……此外,……

例句:首先,世界人口的持续增长使水资源的需求不断增大,……其次,人们对自然的开发,……再次,工业生产、各种垃圾以及杀虫剂等造成的水污染……。此外,全球气候的变化也造成了20%的缺水问题。

表达:

(1) 我来中国留学主要有以下几方面的原因:我喜欢中国文化,汉语有意思,对中国社会有兴趣,汉语有用,父母希望我学,喜欢来中国旅游,工作需要。

(2) 我喜欢我的朋友,这是因为:他性格开朗活泼,说话风趣幽默,热心帮助别人,学习努力刻苦,工作勤奋认真,干净勤快,会做饭,……

(3) 保护环境有以下理由:……

(4) 一部好电影必须具备许多条件……

第四课　刻不容缓

(5) 素食主义者认为,吃素好处很多,……

4. 第一,……第二,……(第三)……

   例句:第一,很多水系是多国共有的,某些上游国家可以通过修建水利设施来增加自己的用水量,……第二,从目前的情况来分析,一些人口增长速度过快的干旱、半干旱的国家将很快进入严重缺水状态,这可能导致争夺水资源的战争。

表达:

(1) 就我个人来看,北京市的交通拥堵主要有以下原因:车多路少,车多路窄,自行车、汽车抢道,汽车乱停乱放,警察太少,一些人不遵守交通规则,行人乱穿马路……

(2) 即使是从发展经济的角度来看,保护环境也是功在当代,利在千秋。这表现为:保证经济持续稳定发展;吸收人才、吸引投资;大大降低健康、保险方面的费用……

(3) 全球气候变暖会产生严重后果,……

(4) 电脑神通广大,……

(5) 我习惯做事前先列出清单,……

5. ……同时(与此同时)……

   例句:• 工业上应该提高生产技术和工艺,降低耗水量和排污量,同时较好地处理工业污水,最好能循环使用。

   • 实行计划生育,控制人口数量,降低人口的增长速度;与此同时,植树造林,提高土地的植被覆盖率,改善生态环境,这是解决问题的根本方法。

表达:

(1) 要学习好一门专业技能,一方面要认真掌握书本知识,另一方面要多实践、多练习。

(2) 他是球队的队长,也是技术最好、最全面的队员,在球队起着举足轻重的

作用。

(3) 要保持身体健康,应该养成良好的生活习惯,适当饮食,……

(4) 解决交通拥堵问题,……

(5) "开源节流"的意思是……

6. ……总之……

例句:总之,当人类文明取得巨大进步时,我们应该牢记,只有顺应自然、保护环境、珍惜资源,明天才会更加美好。

表达:

(1) 教育子女有很多方面,目的只有一个,就是把孩子培养成一个好人,一个对社会有用的人。

(2) 我能取得今天的这些成就,是和各位的关心和帮助分不开的。

(3) 对他做出的决定,大家议论纷纷,有人怀疑,有人反对,……

(4) 经过艰苦的努力,我终于爬上了最高峰,此时我的心情简直难以形容,……

(5) 我以前看过这部电影,但具体的故事情节已经记不清了,……

7. 既……,又……,还……

例句:解决缺水问题,涉及到方方面面,既需要国际社会的协调努力,又需要每个国家根据自己的国情制定明智的政策、法律、法规,还需要每个人从一点一滴做起。

表达:

(1) 理想的白马王子,有高大强壮的身体,有英俊潇洒的外貌,有聪明智慧的头脑,活泼开朗的性格,说话风趣幽默,对女孩子细心体贴。

(2) 作为世界一流大学,校园环境优美,教学理念先进,学术气氛浓厚,学术思想自由,教学设备完善,教师素质优异。

(3) 要想成为一名优秀的企业员工,……

(4) 解决水资源危机,……

(5) "谋事在人、成事在天"的意思是……

第四课　刻不容缓

交流和讨论

● **热身练习：请思考**

1. 你认为，目前的环境生态危机有哪些？请选择一种你最了解的"危机"进行分析、说明。
2. 出现生态危机主要有哪些方面的原因？
3. 目前的各种生态危机可能会造成什么样的后果？
4. 从理论上说，有什么样的解决途径？
5. 就你的了解，到目前为止，对于生态危机，世界各国都采取了哪些行动？取得了哪些效果？还存在哪些问题？

● **课堂讨论**

请两位同学为一组扮演：一位记者正在采访一位专家。可以任选以下三个话题中的一个，请记者用五种以上不同的方式提问，专家用各种不同的列举、总结等方式和适当的词汇来回答问题。

1　水资源危机

水源；缺水；年均可用水量；人口增长；植被破坏；环境污染；影响社会发展；不容乐观；国际争端；节约用水；污水处理；节水技术；循环使用；计划生育；植树造林；水利建设；国际方面；各国国情；方方面面；一点一滴

2　环境污染

空气污染；水污染；工业废水；工业垃圾；化学制品；杀虫剂；农药使用；汽车尾气；生活垃圾；吸二手烟；酸雨；呼吸道疾病；癌症；制定排放标准；强制执行；绿色农业

3　温室效应

大气层；二氧化碳；浓度；温室气体；臭氧洞；降雨量；酸雨；厄尔尼诺现象；自然灾害；干旱；沙漠化；洪灾；风灾；海平面上升；能源；太阳能；适度消费；事与愿违

副课文

（一）地球变暖：福兮？祸兮？

本世纪初，一位瑞典科学家通过理论计算提出：大气中二氧化碳浓度每增加一倍，地球的气温就会上升摄氏4到6度。这就是有名的温室效应理论。全球气温升高已经是一个不容忽视的问题。

地球变暖，气温上升，对自然、经济、社会会有什么影响？大多数科学家的结论是：弊大于利。

对气候的影响：人类活动造成地球气温迅速增高，会引起大气环流和海洋环流的改变，从而使全球气候和雨量分布发生较大变化。近年来，厄尔尼诺现象的频繁出现就是一种警告。

对经济的影响：地球变暖使干旱地区更加缺少降水，导致沙漠范围扩大，农业萎缩。同时，全球气候的剧烈改变，也会使水灾、旱灾、风灾等自然灾害更加频繁，对工农业生产不利。

使海平面上升：一种观点认为，气温上升会导致海水体积膨胀和两极冰山融化，到2030年海平面将上升一米左右，许多国家和城市都将被海水淹没。

科学家已经为控制温室效应开出了处方：

以下措施可以减少二氧化碳的排放量：1.节约能源，提高能源使用效率。2.减少矿物能源消费，大量使用天然气，发展核能，利用太阳能。3.征收二氧化碳排放税。4.植树造林，停止砍伐森林。5.减缓人口增长。6.发展公共交通，降低私人汽车的数量，减少汽车尾气排放量。7.提倡适度消费，抑制能源消费。

（二）野生动植物正在走向灭绝的根本原因

过去人们一直以为，大海中的鱼类资源是取之不尽的。但是，专家已经多次发出了警告：这份资源正在以极快的速度枯竭。先进的科技为人类的过度捕捞创造了条件。声呐使渔民能够准确的测定鱼群的方位，拖网则可以毫不留情地把大大小小的鱼一网打尽。海洋中之所以会出现所谓"鱼类危机"，原因就是：太多的人用太多的先进设备在追杀太少的鱼。

第四课　刻不容缓

鱼类的处境是野生动物遭到人类滥捕滥杀的一个典型。最近几十年来，地球正在经历前所未有的人口大爆炸，而与此同时，几乎所有的野生物种的数量都在急剧减少。

人类已经成为地球无可争议的主人。人类要更好地生存，遵循"物竞天择"的规则，扩大自己的生存空间，使"万物为我所用"，本来是很自然的。原始人就已经开始渔猎，他们不但食肉寝皮，而且还以动物的头骨、骨头、牙齿来装饰自己、显示威力。但今天再这样做，就有点儿胜之不武了，于是环境保护、动植物保护成为时尚。不过，仔细分析一下，就可以看到"保护"的实质是怎样做对人类最有利：是目光短浅的一次性消费还是适度捕杀、长期消费？是杀掉、用掉、吃掉还是留着观赏、研究？

也许，当野生动植物被剥夺了"地球一员"的资格，而成为人类的"潜在消费品"的时候，它们走向灭绝的命运就已经注定了。

在人的心目中，鲨鱼一向是可怕的"海底杀手"，但由于它的经济价值，在人类的过度捕捞下，全球的鲨鱼数量已经减少了80%。以致有人来给鲨鱼"平反"，说每年全世界鲨鱼袭击人类的事件不会超过一百起，其中只有15%是致命的。蜜蜂、毒蛇的肇事率远远高出这个数字，连电扇、花盆掉下来砸死的人都比这个数目多。

其他一些动物的命运和鲨鱼也差不多。在一些国家，蟒肉、鳄鱼肉被视为美味佳肴，熊胆、虎骨、犀牛角被看作是具有神奇功效的药物，于是，这些曾经所向无敌的动物被人类无情追杀，有的只剩下几百只了。

人类一边吃、一边用，一边还要玩。吃饱了、穿暖了，要追求精神享受，要有一只动物来宠以显示或满足自己的"爱心"，房子里还要种上奇花异草来增加情趣。于是，把各种各样的珍稀野生动植物走私到肯出高价的人手中，成为一种新的生财之道。

人以为自己聪明、有知识，有权把自己的利益、自己的生存权利放在所有其他生物之上，也许是这一危机的根本原因。但话又说回来，如果保护"野生动植物的生存权"只对那些动植物有好处，而对人类没有看得见的好处，又有哪个傻瓜愿意去做呢？

69

高级汉语口语(提高篇)

请你说一说

请你发挥想像力,提出一种解决环境问题的与众不同的设想!

例如:保护生态平衡是当今世界一致的呼唤。过去,建筑物基本是土木结构,鸟类可以在建筑物的空隙处筑巢繁衍生息,城市里处处闻啼鸟,充满大自然的美。现代都市,到处高楼大厦,光滑的墙体,明亮的玻璃,使鸟类难以筑巢,只能离城远去。今后,是否可以在修建大楼时在屋顶等位置设计一些适合于作为鸟窝的洞穴,为鸟类与人类在城市里共存创造条件。

第五课　长大成人

主课文

成长的烦恼
——一个男孩子的独白

　　我是一个 1972 年出生的男孩,那时我们那个城市还没有实行独生子女政策,所以我算是最早成为独生子女的那批人。

　　在童年时代,当我告诉别人我是独生子时,别的孩子都很羡慕我:因为家里的好东西都属于我一个人,也没有别的兄弟姐妹和我争抢父母的爱。小时候上学,要是突然下雨了,我每次都有人送伞,而许多同学都是自己在雨里跑回家的。那时候,大家都认为我是最幸福的孩子,我自己也这么想。

　　应该承认,我的父母真的爱我。他们代替我做了大多数本来应该我做的事,我只要做好一件事就可以了,就是做一个听话的孩子。这是我小时候他们对我的惟一要求。我也努力按照他们的要求去做。不管从那方面看,我都算是"乖"的:不爬高,不和人打架,不做危险的事,不弄脏衣服;幼儿园老师说什么我做什么;看到父母的朋友叫叔

叔阿姨。大人们碰到我父母总夸我听话、文雅,不像其他男孩子那样淘气。当我听到这样的话,心里是很高兴的。而现在,我感到的只有愤怒。

后来我上学了,他们对我的要求很简单:什么我都不要管,只要能好好读书、读好书就行。为了让我受到比较好的教育,爸爸把我送到离家很远的一个重点中学读书,我每天要很早就离开家,所以很长一段时间,我是一边吃早饭,一边由妈妈帮我系鞋带。当然,我从来不用整理自己的房间,也不用洗自己的衣服。

那时候,我已经长大了,看到母亲疲惫的身影,很想替妈妈分担一些家务。可是我却从来没有做过。因为我一开始做总是出错,一出错妈妈就抢过去说:你放着吧,我看你做,心里都难受,还不如我自己做。

其实,我是非常爱我父母的,但是我不能用自己的行动来爱他们。有一天,我知道了,只有一件事我可以做,就是达到他们的期望。要是我考试有了好分数,他们的脸就会发光,好像他们所有的辛苦,一下子都得到了补偿。所以,我一直把成绩看得和生命一样重要。

但越是这样,我越不能好好读书。因为目的太明确了,一点儿也失败不得。在我初中考高中的那一年,考高中的人特别多,竞争激烈。我们班的黑板上,天天写着离中考还有几天几天了。每天到教室里来的第一件事,就是看那上面的日期又少了一天,而自己的信心和进步好像总没有日子走得快,所以每天我的心总是对着黑板一沉。

我慢慢地,越来越怕,怕自己到时候考不好。说实在的,我父母在那时一直安慰我,说考得好不好,都是一样的,不要紧的,他们是可以承受得了的。可是我心里明白,他们并不是不在乎我的成绩,而是怕我紧张,不想给我加负担,让我背包袱。他们对我的好,给了我更大的压力,于是我一天比一天紧张。

第五课　长大成人

我知道,考上高中,才说得上考大学。而一个男孩子,没有学历,将来一定会让人看不起。我在班上的成绩还可以,就是常常忽上忽下,最好的时候是全班的前十名,而最差的时候到了六十几名。老师对我的态度也是忽冷忽热的,视我的成绩而定。

我开始怕去学校,我想我是一个懦夫,害怕挑战。因为我很软弱,而且我是不能输的。说实话,我一点儿也不习惯竞争,也不喜欢竞争。我想我这乖孩子,心像女孩子一样细,受不了这样事关重大、真刀真枪的竞争。

我不知道自己最后是怎么考完的,也不知道我怎么有勇气去看的成绩,结果是我考上了重点高中。

然后,我考上了大专。在实习时,我第一次接触到社会。我发现社会一点儿也不像想像中和电视剧中的样子,要现实、残酷得多。

所有的人都说我像一个小孩子。不瞒你们说,实习的时候我发现女同学喜欢和我在一起,并不是因为我像真正的男人,而是我不像一个真正的男人,所以她们觉得安全。而男同学说我是"娘娘腔"。在分配工作时,大家一致把我安排到仓库里,而不让我去做我本来学的管理专业。

老师在开家长会时对我爸爸说,你们家孩子这样子,将来在社会上一定要吃亏。爸爸回家来很着急,可也没办法。

我知道我身上缺少一个男子汉所应该有的刚毅和果敢,顶不起一片天空。

我发现这个社会很奇怪,童年时代,所有的人都要求你听话,不惹事,然后又要求你什么也不要管,只读好书就行了。可是在你长大以后,立即又要求你有男子汉的力量,吃大苦,耐大劳,就像007,什么都拿得起放得下,要能够独当一面,支撑门户。

我真的不愿意让爸爸妈妈失望,可是怎么才能做到这一点呢?

专家点评:现在的阴性教育环境将男孩子教育得不像男孩子。从幼儿园开始,到小学和中学,男孩子接触的大多是女教师,找不到学习的榜样。而现在的影视娱乐中,男孩子都是长发飘飘的女孩相,缺乏阳刚之气。

而在各种家庭中,独生子女家庭是最容易腐化男孩的斗志的。最新研究表明,独生子女家庭里的男孩普遍受到母亲的宠爱,最容易倾向同性恋和娘娘腔。

此外,现在的男孩子户外运动太少,大多数男孩喜欢看电视、玩电脑、看卡通,这些都造成右脑开发过度,喜欢玩虚拟而不懂如何感受别人和周围的事物,容易变得自私冷漠。甚至一些男孩子到了婚龄仍然是副孩子样,根本不懂如何做丈夫,如何关心妻子,更没有"肩膀"意识,担当不了重任。

因此,男孩的性别意识应该越早培养越好,幼儿班最合适,所以应该多一些男老师。另外父亲应该多与儿子在一起。因为父亲对儿子有很重要的榜样作用。

(摘编自《独生子女宣言》,南海出版社 1997)

词 语

1. 独白	(名)	dúbái	戏剧、电影里角色独自抒发个人感情或愿望的台词。
2. 争抢	(动)	zhēngqiǎng	争着抢夺。
3. 文雅	(形)	wényǎ	温和,有礼貌。
4. 疲惫	(形)	píbèi	非常疲劳。
5. 补偿	(动)	bǔcháng	抵消损失,补足欠缺。

第五课　长大成人

6. 安慰	（动）	ānwèi	使人心里感到安全、舒适。
7. 承受	（动）	chéngshòu	经受压力或考验。
8. 包袱	（名）	bāofu	比喻某种负担：思想~。
9. 懦夫	（名）	nuòfū	胆小、不坚强的人。
10. 挑战		tiǎo zhàn	使人受到考验、承受压力的事情。
11. 事关重大		shìguānzhòngdà	事情的结果有重大影响。
12. 真刀真枪		zhēndāo zhēnqiāng	比喻真正的考验。
13. 残酷	（形）	cánkù	凶狠冷酷。
14. 分配	（动）	fēnpèi	安排；分派。
15. 仓库	（名）	cāngkù	储存粮食或其他物资的建筑物。
16. 刚毅	（形）	gāngyì	刚强坚毅。
17. 果敢	（形）	guǒgǎn	勇敢，有决断。
18. 惹事		rě shì	引起麻烦。
19. 吃苦耐劳		chīkǔ-nàiláo	经受得起艰苦，忍受得住辛劳。
20. 独当一面		dúdāng-yímiàn	单独承担一个方面的任务。
21. 阴性	（名）	yīnxìng	这里指女性为主的环境。negative
22. 阳刚	（形）	yánggāng	指男子在风度、气概、体魄等方面表现出来的刚强气质。
23. 腐化	（动）	fǔhuà	思想行为变坏（多指过分贪图享乐）。
24. 斗志	（名）	dòuzhì	战斗的意志。
25. 倾向	（动）	qīngxiàng	发展的方向；趋势。
26. 同性恋	（名）	tóngxìngliàn	男子和男子或女子和女子之间发生的恋爱关系。

高级汉语口语(提高篇)

27. 虚拟	（名）	xūnǐ	虚构的;假设的。
28. 冷漠	（形）	lěngmò	(对人或事物)冷淡,不关心。
29. 意识	（名）	yìshi	人的头脑对于客观物质世界的反映,是感觉、思维等各种心理过程的总和。
30. 培养	（动）	péiyǎng	按照一定的目的长期教育和训练。
31. 榜样	（名）	bǎngyàng	作为仿效的人或事例。

● 注　释

1. 独生子女政策	中国由于人口过多而采取的"一对夫妇只生一个孩子"的政策。
2. 重点中学	一个地区教师、学生素质较高,教学设施完善,教学质量高的中学。此外,还有重点大学、重点小学的说法。
3. 大专	大学程度的专科学校、专业,学制为2至3年。
4. 娘娘腔	形容缺乏男子气概,说话做事像女人一样。
5. 顶起一片天空	形容能独立地工作、生活,在社会上有自己的地位。
6. 拿得起放得下	形容心胸开阔,经受得住成败得失。
7. 支撑门户	使家庭生活能够维持。
8. 阳刚之气	指男子在风度、气概、体魄等方面表现出来的刚强气质。
9. "肩膀"意识	指承担社会责任和保护弱者的意识。

第五课　长大成人

练　习

一　请用正确的语气和语调朗读下列句子：

1. 应该承认,我的父母真的爱我。他们代替我做了大多数本来应该我做的事,我只要做好一件事就可以了,就是做一个听话的孩子。
2. 那时候,我已经长大了,看到母亲疲惫的身影,很想替妈妈分担一些家务。可是我却从来没有做过。
3. 说实在的,我父母在那时一直安慰我,说考得好不好,都是一样的,不要紧的,他们是可以承受得了的。可是我心里明白,他们并不是不在乎我的成绩,而是怕我紧张,他们不想给我负担,让我背包袱。
4. 我开始怕去学校,我想我是一个懦夫,害怕挑战。因为我很软弱,而且我是不能输的。说实话,我一点儿也不习惯竞争,也不喜欢竞争。
5. 我发现社会一点儿也不像想像中和电视剧中的样子,要现实、残酷得多。
6. 老师在开家长会时对我爸爸说,你们家孩子这样子,将来在社会上一定要吃亏。爸爸回家来很着急,可也没办法。
7. 在你长大以后,立即又要求你有男子汉的力量,吃大苦,耐大劳,就像007,什么都拿得起放得下,要能够独当一面,支撑门户。
8. 在各种家庭中,独生子女家庭是最容易腐化男孩的斗志的。最新研究表明,独生子女家庭里的男孩普遍受到母亲的宠爱,最容易倾向同性恋和娘娘腔。

二　请说出下列各句中画线部分的含义：

1. 我是一个1972年出生的男孩,那时我们那个城市还没有实行<u>独生子女政策</u>,所以我算是最早成为独生子女的那批人。
2. 要是我考试有了好分数,他们的<u>脸就会发光</u>,他们好像所有的辛苦,一下子都得到了<u>补偿</u>。
3. 我在班上的成绩还可以,就是常常<u>忽上忽下</u>,最好的时候是全班的前十名,而最差的时候到了六十几名。老师对我的态度也是<u>忽冷忽热</u>的,视我的成绩而定。
4. 男同学说我是"<u>娘娘腔</u>"。在分配工作时,大家一致把我安排到仓库里,而

高级汉语口语(提高篇)

不让我去做我本来学的管理专业。
5. 我知道我身上缺少一个男子汉所应该有的刚毅和果敢,<u>顶不起一片天空</u>。
6. 可是在你长大以后,立即又要求你有男子汉的力量,吃大苦,耐大劳,就像007,什么都<u>拿得起放得下</u>,要能够<u>独当一面</u>,支撑门户。
7. 而现在的影视娱乐中,男孩子都是长发飘飘的女孩相,缺乏<u>阳刚之气</u>。
8. 一些男孩子到了婚龄仍然是副孩子样,根本不懂如何做丈夫,如何关心妻子,更没有"<u>肩膀</u>"意识,担当不了重任。

三 根据课文的内容,用指定词语回答下列问题:

1. 作为独生子有什么优越性?

　　羡慕　属于　争抢　下雨　送伞

2. 在大人眼里,乖孩子是什么样的?

　　打架　危险　弄脏　幼儿园　叔叔阿姨　文雅

3. 上学以后,爸爸、妈妈对"我"有什么要求?

　　简单　管　读书　教育　重点中学

4. 上初中时,"我"明白了什么?

　　疲惫　分担　出错　难受　期望　发光　补偿

5. 考高中时,"我"为什么感到害怕?

　　失败　竞争　日期　信心　懦夫　挑战

6. 上大专时,同学们对"我"有什么看法?

　　接触　残酷　安全　娘娘腔　分配　吃亏

7. "我"对现在的社会教育有怎样的看法?

　　奇怪　童年　惹事　男子汉　独当一面

8. 专家对现在的这种教育环境有何评价?

　　阴性　影视　阳刚　腐化　虚拟　冷漠　肩膀

78

第五课　长大成人

四　语言实践：

1. 简述："我"的成长经历。
2. 从自身和环境两方面，分析"我"没有成为一个男子汉的原因。

● 词汇学习

一　请在句中填入适当的成语或熟语：

事关重大　　真刀真枪　　吃苦耐劳　　独当一面　　忽冷忽热
惹事　　　　淘气　　　　吃亏　　　　在乎　　　　补偿

1. 他平时练习时做得挺好，但需要（　　　）地进行实际操练时，他却因为紧张，把学过的都忘得一干二净了。
2. 这件事（　　　），我必须先征得父母的同意才能做决定。
3. 现在的股市就像天气一样，（　　　），要谨慎小心，否则容易（　　　）。
4. 他的儿子就像一匹小野马，非常（　　　），整天到处（　　　），让他和妻子很头疼。
5. 他把事业看得很重，但他也很（　　　）家庭。平时工作忙，但到了周末，他就开车带家人出去郊游，作为对家人的（　　　）。
6. 每家公司的老板，都欣赏这样的员工，既（　　　），不怕困难，又业务能力很强，能（　　　）。

二　从所给的结构中选择一个，完成句子：

1. 既要照顾生病的妻子，又要照顾幼小的孩子，他感到身心（疲惫/疲倦/疲劳/疲乏），快支持不下去了。
2. 你刚出院，身体（软弱/瘦弱/虚弱/懦弱），需要好好儿休养。
4. 为了（争抢/争夺/争先）有限的资源，这个地区小的冲突一直不断。
5. 压力太大了，我觉得难以（承受/忍受/接受），简直快要崩溃了。
6. 我的爸爸性格刚毅（果敢/果断/果然），有责任心，有保护意识，是我心目中的真正的男子汉。

79

高级汉语口语(提高篇)

三 用"忽……忽……",我们可以组成"忽上忽下;忽左忽右;忽冷忽热;忽快忽慢……"等词组。在汉语中,这种利用反义词来构成的固定词组或成语是很常见的。请找出五个这样的固定词组或成语。

语言要点与操练

 怎么说

叙述(一):
在叙述、谈论某种情况时,常常需要使用下列两类句式:

1. 回顾或回忆:

在……时代:在我童年时代,在我少年时代,在她的少女时代

在……年代:在60年代;在战争年代

……时候:(在)我小时候;(在)她上小学的时候;(在)我刚参加工作的时候

那时候:那时候,我已经长大了。

当……:当我听到这样的话,心里是很高兴的。

在……的那一年:在我考初中的那一年,……

在……的那一段时间:在他们合作的那段时间,……

在……那一天:在离开家的那一天,……

2. 停顿与强调:

应该承认:应该承认,我的父母真的爱我。

说实在的:说实在的,我父母在那时一直安慰我。

说实话:说实话,我一点儿也不习惯竞争。

说真的:说真的,我实在不想去。

依我看:依我看,还是不去的好。

不瞒你(们)说:不瞒你们说,实习的时候我非常痛苦。

第五课 长大成人

其实:其实,我是非常爱我父母的。

练习:请用上面的句式,在后面的"交流和讨论"中谈论你过去的一段经历或一件事。

● 句式和表达

1. 算是……

 例句:• 那时我们那个城市还没有实行独生子女政策,所以我算是最早成为独生子女的那批人。

 • 不管从哪方面看,我都算是"乖"的。

 表达:

 (1) 在我们这座城市里,高楼大厦比比皆是,不过,最高的建筑是那座电视塔。

 (2) 他们这家饭馆的菜都是家常菜,价钱非常便宜,红烧鱼一份25块是最贵的。

 (3) ……,没打你一顿已经算是便宜你了。

 (4) 我们班的同学学汉语的时间都不短了,水平也都挺高,……

 (5) 西北的天气那才叫干燥呢,相对来说(北京)……

2. 应该承认……

 例句:应该承认,我的父母真的爱我。

 表达:

 (1) 我认为,中国现在还是发展中国家,各方面都还比较落后,还要向发达国家学习。

 (2) 我觉得,她确实是为了我好才这样做,只是她采取的这种方式实在让人受不了。

 (3) ……,虽然他的动机和用意是好的。

 (4) ……,我们工作中确实有考虑不周、存在失误的地方。

 (5) ……,(所以)我应该虚心接受别人的批评。

3. ……什么……什么；……什么都/也……（哪儿；谁；怎么……）

例句：• 幼儿园老师说什么我做什么。

• 家里什么都不要我管。

表达：

(1) 他这个人大手大脚的，……（什么）

(2) 这是你的东西你有权决定，……（谁）

(3) 明天你就该考试了，……（哪儿）

(4) 注意看教练的动作，……（怎么）

(5) 我今天有点闹肚子，……（什么）

4. ……越（是这样），……越（是）……

例句：越是这样，我越不能好好读书。

表达：

(1) 她总是想方设法讨好我，可结果我更不喜欢她了。

(2) 我非常想考好，可结果是考试的时候很紧张，反而考得不好。

(3) 他呀，有名的牛脾气，非常固执，……

(4) 人嘛，都有好奇心，……

(5) 我就是不怕困难，就是喜欢迎接挑战，……

5. 说得上；算得上；谈得上

例句：我知道，考上高中，才说得上考大学。

表达：

(1) 只有学好了本领，将来报效祖国才有可能。

(2) 你想将来从事和中国有关的研究工作，这很好，不过前提是先学好汉语。

(3) 光会说几句生活会话有什么了不起的？……

(4) 只会死读书那可不行，……

(5) 进行市场调查仅仅是第一步，……

第五课 长大成人

6. （并）不是……而是……

    例句：他们并不是不在乎我的成绩，而是怕我紧张，不想给我加负担，让我背包袱。

    表达：

    (1) 父母过分关心子女；在生活上处处包办代替；看起来是爱孩子，其实是害了孩子。

    (2) 他的名声可不太好；这次他主动提出帮助你；我怀疑他另有目的。

    (3) 我这么说并不是要批评你，……

    (4) 我们出席这次宴会并不是为了吃，……

    (5) 强调困难并不是说我们没有信心，……

7. 视……而定

    例句：老师对我的态度也是忽冷忽热的，视我的成绩而定。

    表达：

    (1) 我们已经接到了有关这次地震的初步报告；要进一步了解具体情况；根据具体灾情来决定采取什么措施。

    (2) 现在我们还在进行进一步的观察；是否做手术，要看病情的严重程度。

    (3) 我有时酒量大些，有时酒量小些，……

    (4) 现在还没有最后决定明天去不去，……

    (5) 小李虽然球打得不错，但要让他参加校队，……

交流和讨论

● **热身练习：请思考**

1. 独生子女得到的来自长辈及父母的爱，是否比多子女家庭的孩子多？
2. 对孩子的关爱越多，对孩子越有好处吗？
3. "乖乖听话"的孩子就是好孩子吗？你们国家对孩子的要求是什么？

高级汉语口语(提高篇)

4. "我"的父母对我惟一的要求是学习好,其他都不要管,你认为这样做对吗?为什么?

5. 你们国家的幼儿园、小学男老师多不多,你认为这对男孩的成长有什么影响?

6. 你认为在教育孩子的过程中,父亲和母亲所起的作用相同吗?

● 课堂讨论

我的故事《父母和我》

故事要点:

1 童年时代:

疼爱;爱护;包办;关怀;关心;培养;教育;言传身教;以身作则;调皮;淘气;顽皮;乖;听话;天真

2 青少年时期:

叛逆;反叛;反抗;逆反心理;冲突;代沟;性格;观点;传统;守旧;保守;新潮;自由;理解;设身处地;开导;和解;和睦

3 现在:

尊重;平等;联系;交流;帮助;征求意见;独立自主;和谐;代沟;冲突

副课文

(一)独生子女调查:为什么学习?

中国青少年研究中心、中国青少年发展基金会对12个城市3349名独生子女人格状况的调查结果显示:有76.7%的学生表示学习的动力是为了"报答父母"。

调查表明,学习成绩的好坏是困扰独生子女人格发展的一大难题。如:独生子女对自己最不满意的方面排列次序为:学习,占38.7%;健康,15.9%;性格,15.8%;自身相貌体形,15.3%。31%承认自己学习不够努力,22.3%感到有很大的学习压力,49%感到有一定压力。40.4%的孩子说:"家长只关心我的学习成绩。"

84

第五课　长大成人

93.4%的家长与孩子谈话的主题是学习;36.6%的家长陪孩子做功课;47.1%的家长告诉儿女:"只要学习好,你的一切我全包了。"在学校里成绩优良者可当班干部,常受到鼓励和表扬。60%的独生子女认为自己不是班里重要的人,有一定的自卑感。

据对调查结果的分析,中国城市中独生子女人格发展具有珍惜友谊、充满自信、乐于助人、自我提升需要较强、兴趣广泛等五大优点,但同时也存在着攻击性强、成就需要低、勤劳节俭差和学习动机扭曲等四项缺点。

(二) 家教要男的

男子的阳刚之气是一种美,自己的儿子将来能够成为一个真正的男子汉,这似乎是件顺理成章的事情。然而快上高中的男孩,居然不敢主动和客人打招呼,说话还羞答答的。这让家长非常着急,为了让孩子回复男孩本性,他们专门到家教中心,点名要"阳光男孩"陪玩,这种现象引起了有关方面的关注。

"男孩子太成问题了。"一位街道大妈说。现在街道的待业青年中有不少是男孩子,有的没有责任意识,有的害怕挫折,有的很懒惰。一些中小学的班主任也普遍反映,小男生出现"娘娘腔"的确也存在一定比例。现在很多家庭都是独生子女,独生男孩一般更受宠爱,尤其是母亲对儿子,即使都上初中了,仍然会表现出溺爱的样子。此外,大家普遍感觉同龄的男孩一般不如女孩懂事。

(三) "袋鼠"一族

据调查,当今的大城市中,依靠父母的"腹袋"而不能独立生活的年轻人的数量正在逐年增加。从生理来看,他们已经属于成年人,可能也有了自己的便携电脑和手机,但在经济上还仍然是"青少年"。这种现象最根本的原因是:与70年代相比,青年人结束学业的平均年龄推迟了五岁。教育水平的提高使得求学时间普遍延长,就业则遥遥无期。有人打趣说:"大学毕业只是万里长征的第一步。"疼儿莫过爹娘。对父母而言,在他们奋斗和劳碌的一生中,孩子早早入托,上学时只能脖子上挂着钥匙自己回家,孩子大了,但心中隐隐的负罪感却未能消除,在经济上帮儿女一把既是感情的补偿,又是对即将到来的老年的抗拒:"孩

高级汉语口语(提高篇)

子们走了,我们也就真的老了。"正是在这种心态下,父母心甘情愿地让二十五六的孩子住在身边,管吃管住、给零花钱、负担电话费……

不少社会学家对此忧心忡忡。他们认为,竞争是物种进化的最大动力之一。人类社会这种代与代之间竞争的弱化与推迟,很可能会导致人类的退化。

请你说一说

教育子女是人人都要面对的事,也是人类的一大难题。其中的甘苦只有真正经历过的人才能体会到,所谓"说起来容易,做起来难"。不过,就算是纸上谈兵,那也没什么。让我们充分发挥想像力,来设计一套自己将来用来教育子女的"科学"方法。

第六课　玩物不丧志

主课文

喜欢玩具的成年人

　　有人说,人类是爱玩的动物,游戏创造了人,人在游戏中创造了世界。你是否同意这种说法?

　　确实,我们中的大多数人小时候是很喜欢玩儿的,不过,等到长大以后,似乎就觉得只有工作才是正经事,而玩儿则是可有可无的。有人甚至把工作和玩儿对立起来,认为只有工作才是正经事,应该不遗余力地去做,而玩儿则是一个成年人不应该做的,喜欢玩儿是不务正业,迷恋于玩儿更会"玩物丧志"。

　　不过,在我们身边,仍然有许多喜欢玩具、会玩儿的成年人。让我们来听听他们的见解。

王编辑(女,近40岁)
　　众所周知,玩具是为孩子们准备的。不过,如果有一个成年人喜欢玩具熊、洋娃娃、小火车或者别的什么玩意儿,我特能理解,因为我

就是其中之一。成年人的玩儿,很多时候谈不上什么陶冶情操,也就是自得其乐吧。一个人生活没有点儿乐趣也太惨了!活着多没意思啊。我喜欢玩具可能是对童年生活的一种补偿。那时候,多数人家境都不富裕,家长也没有"闲钱"给孩子买玩具。再说,那时商品不够丰富,玩具就更甭提了。当然,没有玩具并不意味着我们没有玩儿的方式,体验不到玩儿的快乐。

杨工程师(男,30多岁)

说起来你可能不信,我喜欢玩儿玩具火车。我喜欢它的精美、灵巧。它总让我想起一个人旅行时的种种感受:同陌生人的交谈,小站里恬静、温暖的灯光,一辆火车在旷野里碰到另一辆火车,它们鸣笛互致问候……到了周末,我常常在客厅里铺好铁轨,然后和孩子一起兴致勃勃地玩儿起开火车、扳道的游戏。这是我最好的休息方式之一。当然,除此之外我还有很多业余爱好,比如,钓鱼、打保龄也是我喜欢的消遣方式。

李老师(女,40多岁)

不知道你注意过没有,现在,每个家庭的卧室里都少不了摆上几个长毛绒玩具。我们家女儿有一只长毛绒考拉,样子乖极了,还能趴在手上。我见到了,心里特别喜欢。现代社会竞争压力这么大,人们越来越难体会到单纯、善良。对于我们这样的普通人来说,这种玩具的单纯、美感可以充当一种安慰。当然,现代社会给大家提供了很多选择,每个人都可以选择自己释放情感的方式。比如,养宠物也是一种很好的方式。不过,相对来说,养宠物花费的精力要多得多,还需要有一定的物质条件,至少房子得大。

第六课 玩物不丧志

严女士（女，29岁）

常言道，梦想使生活更美丽。我就是一个喜欢做梦的人。从小到大，我最喜欢的玩具是八音盒，它发出的声音单纯却能拨动人的心弦，而装这个声音的盒子更像是一个谜。听着它充满童话色彩的音乐，展开想像的翅膀是我最快乐的时刻。在这个功利主义的时代，大家都好像没有多余的感情，也没有什么秘密，但我还是想有那么一个秘密的小空间来装我自己、装我的梦想。

宋先生（男，近30岁）

有这么一种说法，搞绘画、音乐的人都有点儿与众不同。我就是画卡通画的，对我来说，玩具在我生活中特别重要，这大概就是我的独特之处。我从小就对造型和色彩着迷，玩具就具备了这两点，所以，我去商场一定要去玩具柜台，而且常常会"眼前一亮"。看到好看、新奇的玩具，我就会买下来。不过，买回家后，我也不怎么玩。我就是把它们摆着，看着心里就高兴。其实，卡通片、卡通画也是给成年人看的，人人都需要有这种让人轻松、高兴的消遣。我希望自己家居面积更大些，一屋子放玩具，一屋子"看碟"。最后补充一句，爱玩的人一定热爱生活，也肯定怕死。

任先生（男，20岁出头）

有人说，电脑是成年人的玩具，特别是当它不是和你一起工作而是一起玩游戏的时候。和电脑一起玩游戏时，那种角色变换的感觉特别让我兴奋、着迷。我最喜欢当"坏蟑螂"。蟑螂，也就是"我"，被魔法师施了咒语之后才变成蟑螂的，只有克服各种困难才能变回人。这是一个小人物在险恶世界中的一次冒险，水坑、猫和老鼠都可以致它于死地。我喜欢体验这个角色。

高级汉语口语(提高篇)

郭博士(男,30多岁)

　　我们都知道,不管哪一种电脑游戏,操作型的还是动脑筋的,游戏的过程能够满足游戏者不服输、好奇的心理和对成就感的渴望,哪怕这种成就感只是一瞬间的。从这个角度说,游戏的心理大人小孩可能都差不多。对成年人来说,适合于他的工作很大程度上也就是一种他喜欢的游戏,他能从中找到乐趣。比如,电脑、国际互联网,它们的发展与其说是科学家集体研究的科研成果,倒不如说是由一批痴迷于电脑的年轻人"玩"出来的。如今个人电脑软件世界第一"大腕儿",微软公司总裁比尔·盖茨,从小就是个"大玩儿家",他的第一个软件就是为下棋而编写的。我特别希望我们中国人的工作、生活中也有这么一种"玩儿"的潇洒。古人不是说过吗?知之者不如好之者,好之者不如乐之者。

(改写自《三联生活周刊》同名文章)

● 词　语

1. 玩物丧志		wánwù-sàngzhì	沉迷于所喜爱的事物,把意志消磨掉。
2. 正经	(形)	zhèngjing	正当的、严肃的。
3. 不遗余力		bùyí-yúlì	把所有的力量都用出来,一点也不保留。
4. 不务正业		búwù-zhèngyè	不做正当的工作,把精力花在其他事情上。
5. 众所周知		zhòngsuǒzhōuzhī	大家全都知道。
6. 陶冶	(动)	táoyě	比喻给人的思想、性格以有益的影响。
7. 情操	(名)	qíngcāo	由感情和思想结合起来,

第六课 玩物不丧志

			不容易改变的心理状态和处事习惯：高尚的~。
8. 自得其乐		zìdé-qílè	自己体会其中的乐趣。
9. 恬静	（形）	tiánjìng	书面语，(心里)安静；宁静。
10. 旷野	（名）	kuàngyě	空旷的原野。
11. 扳道		bāndào	扳动道岔，使火车由一组铁轨转到另一组铁轨。
12. 消遣	（名）	xiāoqiǎn	做让自己轻松愉快的事来度过空闲时间。
13. 长毛绒		chángmáoróng	一种表面有绒的织物，可用来制作玩具。
14. 考拉	（名）	kǎolā	一种澳洲动物，以桉树叶为食物，耳朵大而圆，行协缓慢，非常可爱。
15. 释放	（动）	shìfàng	把所含有的物质、能量、感情等放出来。
16. 情感	（名）	qínggǎn	因外界刺激而产生的肯定或否定的心理状态。
17. 八音盒	（名）	bāyīnhé	一种器具，上好发条后可以自行演奏固定的音乐。
18. 功利主义		gōnglì zhǔyì	只追求行为的效果和利益的思想。
19. 童话	（名）	tónghuà	儿童文学的一种体裁，适合儿童看的故事。fairy tales; children's story
20. 造型	（名）	zàoxíng	设计、创造出来的事物的形状。
21. 蟑螂	（名）	zhāngláng	cockroach

91

22. 魔法	（名）	mófǎ	妖魔、巫师所有的超自然力量的法术。
23. 咒语	（名）	zhòuyǔ	有特殊魔力，可以降灾、消灾或产生奇妙效果的语句。
24. 操作	（动）	cāozuò	按照一定的程序和技术要求进行活动。
25. 服输		fú shū	承认失败。
26. 瞬间	（名）	shùnjiān	一眨眼的时间，形容时间极短。
27. 痴迷		chīmí	非常喜爱、迷恋。
28. 大腕儿		dà wànr	口语，指在某一领域有较高造诣及有一定地位与影响的人。也说"腕儿"。
29. 总裁	（名）	zǒngcái	公司、企业的最高负责人。
30. 玩儿家	（名）	wánrjiā	口语，喜欢而且会玩的人。

注　释

1. 国际互联网　　Internet. 由世界各国联合建立的全球电脑通信网络。

2. 微软公司　　目前世界著名的电脑软件公司。微软，Microsoft 的汉译。

3. 知之者不如好之者，好之者不如乐之者　　指在学习、研究、工作等活动中，从中能得到乐趣的人胜于喜欢它的人，喜欢它的人又胜于仅仅了解它的人。

第六课 玩物不丧志

 练 习

一 请用正确的语气和语调朗读下列句子：

1. 确实,我们中的大多数人小时候是很喜欢玩儿的,不过,等到长大以后,似乎就觉得只有工作才是正经事,而玩儿则是可有可无的。

2. 众所周知,玩具是为孩子们准备的。不过,如果有一个成年人喜欢玩具熊、洋娃娃、小火车或者别的什么玩意儿,我特能理解,因为我就是其中之一。

3. 说起来你可能不信,我喜欢玩儿玩具火车。我喜欢它的精美、灵巧。它总让我想起一个人旅行时的种种感受。

4. 不知道你注意过没有,现在,每个家庭的卧室里都少不了摆上几个长毛绒玩具。

5. 常言道,梦想使生活更美丽。我就是一个喜欢做梦的人。

6. 有这么一种说法,搞绘画、音乐的人都有点儿与众不同。我就是画卡通画的,对我来说,玩具在我生活中特别重要,这大概就是我的独特之处。

7. 有人说,电脑是成年人的玩具,特别是当它不是和你一起工作而是一起玩游戏的时候。

8. 我们都知道,不管哪一种电脑游戏,操作型的还是动脑筋的,游戏的过程能够满足游戏者不服输、好奇的心理和对成就感的渴望,哪怕这种成就感只是一瞬间的。

二 请说出下列各句中画线部分的含义：

1. 等到长大以后,似乎就觉得只有工作才是<u>正经事</u>,而玩儿则是<u>可有可无</u>的。

2. 喜欢玩儿是<u>不务正业</u>,迷恋于玩儿更会"玩物丧志"。

3. 成年人的玩儿,很多时候谈不上什么陶冶情操,也就是<u>自得其乐</u>吧。

4. 一个人没有点儿乐趣也<u>太惨了</u>！活着多没意思啊。

5. 除此之外我还有很多业余爱好,比如,钓鱼、打保龄也是我喜欢的<u>消遣</u>方式。

高级汉语口语(提高篇)

6. 在这个功利主义的时代,大家都好像没有多余的感情,也没有什么秘密。
7. 去商场一定要去玩具柜台,而且常常会"眼前一亮"。
8. 古人不是说过吗?知之者不如好之者,好之者不如乐之者。

三 根据课文的内容,用指定词语回答下列问题:

1. 那些认为只有工作才是正经事的人怎么看待玩儿?
   可有可无 对立 不遗余力 不务正业 玩物丧志
2. 王编辑认为,玩具对于成年人来说有什么价值?
   乐趣 补偿 家境 闲钱 甭提 体验
3. 杨工程师为什么喜欢玩具火车?
   精美 灵巧 感受 恬静 旷野 鸣笛
4. 李老师和严女士喜欢玩具的原因有什么共同之处?
   竞争 单纯 安慰 释放 梦想 心弦 功利主义
5. 宋先生是怎么看待玩具的?
   卡通画 独特 造型 着迷 新奇 轻松
6. 为什么很多成年人也像青少年一样喜欢电脑游戏?
   不服输 成就感 渴望 互联网 痴迷 大玩家

四 语言实践:

1. 请把课文中的"开场白"找出来,比较各有什么特点。
2. 总结一下儿这些成年人喜欢玩具的理由,可以分为几类?

● 词汇学习

一 请在句中填入适当的词语:

玩物丧志 不遗余力 不务正业 众所周知 服输
自得其乐 功利主义 兴致勃勃 正经 释放 服输

1. 很多人认为养宠物是(   ),会(   )。

第六课　玩物不丧志

2. 看我，光顾了和你闲聊了，差点儿耽误了（　　　）事。
3. 我是乐盲，五音不全，唱歌纯粹是（　　　），让自己的生活充实一点。
4. （　　　），世界许多国家和地区都存在水资源危机，保护环境刻不容缓。
5. "9·11"以后，许多国家表示，要（　　　）地进行反恐斗争。
6. 泡酒吧，开"派对"是很多年轻人（　　　）情感、减轻压力的方式。
7. 听说这种方法不用节食、能快速减肥，我就（　　　）地报名参加了。
8. 现在（　　　）盛行，人们纷纷丢弃了曾有过的理想，变得越来越现实。
9. "有志者事竟成"，要想获得成功，非要有这么一种不怕苦、不（　　　）的精神不可。

二　从所给的词语中选择一个，完成句子：

1. 树林里（寂静/恬静/安静/宁静）无声，只有远处的小鸟不时发出几声鸣叫。
2. 打电脑游戏是我最喜欢的一种（休闲/娱乐/消遣/爱好）方式。
3. 马戏团的（魔法/魔术/魔鬼）表演太精彩了，孩子们都看得（入迷/痴迷/着迷）了。
4. 火车如奔腾的骏马，行驶在一望无边的（旷野/田野/荒野/原野）里。
5. 学习琴棋书画可以陶冶（情操/情感/情意/情绪），提高自身的文化修养。

三　下边这些词语在构成上有什么规律？请各找出五个同样结构的词。

玩具熊；八音盒；卡通画；_____；_____；_____；_____；_____

正经事；普通人；成就感；_____；_____；_____；_____；_____

洋娃娃；坏蟑螂；大玩家；_____；_____；_____；_____；_____

语言要点与操练

● **怎么说**

叙述(二):开场白

谈话时,我们常常需要用"开场白"来使叙述更生动、自然,下面就是一些常用的开场白:

1. 有人说……/俗话说……

   常言道……/古人云……

   中国有句古话……/有句老话……

   有这么一种说法,不知道你听说过没有?……

2. 我发现……

   我碰见过这么一件事……

   有这么一种情况,不知你注意到没有?……

3. 我们(都)知道……

   大家(都)知道……

   众所周知……

4. 你一定听说(看到)过……

   你一定学习(去/到……)过……

   据统计(报道/调查……)

   你知道吗?……

   (说起来)你可能不信……

练习:请在后面的"交流和讨论"中至少用三种不同的"开场白"来说明自己的看法。

第六课　玩物不丧志

句式和表达

1. ……，而……则……

   例句：等到长大以后，似乎就觉得只有工作才是正经事，而玩儿则是可有可无的。

   表达：

   (1) 南方和北方的气候差别很大；每年三月；南方已经春暖花开；北方还是大雪纷飞。

   (2) 工作的时候应该全神贯注、一丝不苟；玩儿的时候可以轻松自在、随心所欲。

   (3) 看电视是被动性的接受，不怎么需要你动脑子；(读书)……

   (4) 发达国家有比较好的经济、社会基础，教育普及、人口素质较高，有什么困难克服起来比较容易，(发展中国家)……

   (5) "君子之交淡如水，小人之交甘若醴"的意思是……

2. 众所周知，……不过……

   例句：众所周知，玩具是为孩子们准备的。不过，如果有一个成年人喜欢玩具熊、洋娃娃、小火车或者别的什么玩意儿，我特理解。

   表达：

   (1) 谁都知道吸烟有害于身体健康，可是他又吸烟、又喝酒；烟瘾不小，抽起来一支接一支；酒量也相当大，半斤白酒没事儿；他一般只在家里抽，出门不带香烟；在外边除了应酬以外，也不怎么喝酒。

   (2) 大家都知道，他们一直是一支二流球队，可是，这一次他们超水平发挥，我们输得心服口服。

   (3) ……，不同的人看问题有不同的角度；不可能见解完全相同，……

   (4) ……，发展经济并不意味着必须破坏环境。

   (5) ……"欲速则不达"，他过去可是个急性子，……

3. (并不)意味着

例句:没有玩具并不意味着我们没有玩儿的方式,体验不到玩儿的快乐。

表达:

(1) 我说我不太同意你这么做;可是我也不反对你这么做。

(2) 别人可以犯错误,你却不能;你是守门员;你如果犯错误,我们就要失分。

(3) 如果得了癌症或是艾滋病,……

(4) 在电影院里,(关灯)……

(5) 我确实喜欢和他一起聊天儿,一起去玩儿,但是,这么说……

4. 当然,……

例句:……这是我最好的休息方式之一。当然,除此之外我还有很多乐趣,比如,钓鱼、打保龄也是我喜欢的消遣方式。

表达:

(1) 我在学习上花了不少时间;我并不是个书呆子,学习之余我还有很多别的活动。

(2) 在公司里,他确实是个严肃认真、一丝不苟的人;下班以后,他也很随和、幽默,很容易打交道。

(3) 电脑确实是工作的好帮手,……

(4) 暖冬会引起气候的反常,容易爆发流感,……

(5) "过犹不及"的意思是,……

5. 只有……才(是/能)……

例句:蟑螂,也就是"我",被魔法师施了咒语之后才变成蟑螂的,只有克服各种困难才能变回人。

表达:

(1) 做好充分的思想准备;尽量多地了解这个国家的国情;入乡随俗;是适应留学生活的必要条件。

(2) 凡事多为别人考虑;善于理解别人;能够和别人和睦相处。

第六课　玩物不丧志

(3) 只有周密计划、做好充分的准备,……
(4) ……,才能动用这笔款子。
(5) "知己知彼,百战不殆"的意思是,……

6. ……,哪怕……

   例句:游戏的过程能够满足游戏者不服输、好奇的心理和对成就感的渴望,哪怕这种成就感只是一瞬间的。

   表达:

   (1) 组装电脑其实非常容易;只要具有起码的电学知识,就不会有问题。
   (2) 他的毅力着实令人佩服;即使是在最困难的时候,他也没有失去信心。
   (3) 她是个非常节约的人,……
   (4) 我们应该虚心接受别人的批评,……
   (5) "顾客就是上帝"的意思是,……

7. 与其(说)……倒不如(说)……

   例句:电脑和国际互联网的发展,与其说是科学家集体研究的科研成果,倒不如说是由一批痴迷于电脑的年轻人"玩"出来的。

   表达:

   (1) 看科幻电影,演员的表演、故事的情节很重要;电脑特技,新奇、刺激的视觉、听觉效果更重要。
   (2) 在开始一件工作以前,藐视困难、增强信心没有错;冷静地分析问题、把可能遇到的困难都估计到更重要。
   (3) 就我的观点看,发展私人汽车弊大于利,……
   (4) 过度溺爱,……,倒不如说是害了孩子。
   (5) "磨刀不误砍柴工"的意思是:……

高级汉语口语(提高篇)

交流和讨论

● **热身练习：请思考**

1. 玩具有哪些？用什么标准确定？请举例说明。
2. 玩具、玩儿在你的生活中占有怎样的地位？起什么作用？
3. 你怎么理解"干起来拼命地干,玩起来痛快地玩"这句话的含义？
4. "再有趣的事,一旦成为工作就会变得不那么有趣。"你同意这种看法吗？
5. 喜欢哪种类型的玩具和天性、性格、文化程度、家庭背景、生活和工作环境等因素是否有关系？请举例说明。

● **课堂讨论**

我最喜欢的玩具或游戏

1 玩具及其性质：

造型；可爱；温顺；亲切；精美；灵巧；色彩；奇特；富有想像力；益智；智力；锻炼；拼图；空间；机械；拆卸；组装；游戏；模拟；刺激；目标；动脑筋；手眼协调

2 玩具的作用及功能：

乐趣；自得其乐；放松；身心；消遣；娱乐；兴致勃勃；压力；冷漠；单纯；释放；情感；宣泄；梦想；创造力；成就感；体验；克服困难；不服输

3 电脑游戏的乐趣：

紧张；刺激；新奇；角色；变换；克服；较量；不服输；快速；反应；手眼配合；意志力

4 电脑游戏的副作用：

疲劳；视力；沉迷；昏昏沉沉；神经质；疯狂；过关；症状；注意力；分散；虚拟；冷漠；消磨

第六课　玩物不丧志

● **小采访**

你喜欢玩电脑游戏吗?能介绍几种新奇的电脑游戏吗?玩电脑游戏究竟有什么好处?有什么不好的地方?请至少对五个同学进行采访,然后向全班汇报采访结果。

副课文

(一)和玩具一起慢慢变小

一家玩具公司公布的调查发现,年龄在18至69岁的成年人中,84%至少拥有一个卡通玩具。而在美国,玩具公司40%的产品都是专为成年人设计的。0至100岁的玩具,这不仅是一家玩具店提出的概念,也是现代都市人寻求快乐的一种思路。据业内人士介绍,我国的成年人玩具市场仅青年需求一年就达500亿元左右人民币。成人智力玩具现在有解套型、拼图型、棋牌型、游戏型和组装遥控型等几大类,已成为都市人休闲娱乐的一部分,尤其受到20世纪70年代出生的白领们青睐。小时候没玩着什么,现在都要补回来。而且,这群人现在的工作和生活压力相对较大,全神贯注地摆弄一会儿玩具,使大脑某些部分处于完全休息的状态,正是他们需要的调剂。无论是竞赛型、谋略型、攻掠型还是自我挑战,只要是适合自己的,就棋逢对手了。

(二)成年人喜欢玩具不需要理由

在欧美国家以及日本,玩具已经成为人们文化生活中的一部分,一个心爱的玩具可以从出生玩到年老。在中国,成年人玩儿玩具的风潮正在日益形成,但仍旧有不少成年人碍于"面子"而迟迟未敢有所行动。面对这种状况,广州玩具礼品协会秘书长王铁说:"玩具不一定只属于孩子,成年人喜欢玩具并不需要什么理由。"

据玩具专家介绍,目前在市场上,"儿童的玩具"和"成人的玩具"的界线并不十分清晰,除非是其中一些难度较大的益智玩具,有明确说明只适合成年人

101

玩。不过在有限的选择中,成人玩儿的玩具中仍有一些消费热点,这里向大家一一推荐。

毛绒玩具

毛绒玩具似乎有一种天生的本事,让人一见到它们都忍不住童心大发,"不顾形象"地飞身投入这个软绵绵的可爱世界。然而,也许孩子们只是单纯地喜欢毛绒玩具的外形,成年人却对实用型的毛绒玩具更加青睐。

如今,动物毛绒玩具与日常生活日渐融合,动物造型电话座、手机套、储蓄罐,还有动物造型的手提包,都可以放置于家中的每个角落,既像玩具,又是实实在在的生活用品,大人们可以随时在家中与毛绒玩具亲密接触。

玩具明星

玩具家族中也有不少明星玩具。最熟悉的是笑容可掬的HelloKitty,另类的加菲猫,趣怪的史奴比,高贵的芭比娃娃等。据一玩具礼品市场的销售人员介绍,如今有不少成年人便经常到玩具市场打探某一卡通明星是否又出了新造型,然后买回家中摆放收藏,为此所作的付出自然也不低。

有趣的是,这些卡通明星也受"行情"影响。有时电影或动漫的热播便会让玩具城里掀起玩具明星的热潮。前段时间电影《蜘蛛侠2》隆重上映,各种塑料、毛绒的蜘蛛侠轮番上阵,成了玩具市场中最受欢迎的明星。

模型玩具

别以为模型玩具就只是个微缩版的摆设品,其实如今的模型普遍身价不菲,不少成年人亦成为模型玩具的忠实Fans,并组织了专业的模型比赛俱乐部,利用工作之余交流玩航模、车模、船模的心得。

成年人喜欢的模型玩具要具备一定的技术性和技巧性,不仅在拼装上有一定的难度,模型玩具还需要有扩展的空间。比如模型玩具爱好者可以根据自己的要求对模型玩具进行改装,改进模型玩具的性能。而玩模型玩具也需要有一定的操作技巧,如此有挑战性的模型玩具,难怪会吸引那么多成年人积极参与。

派对玩具

在这个时尚都市里,年轻人喜欢私底下组织一些有趣的派对。想让派对更有看头,当然少不了一些派对玩具了。像人们参加化装舞会的各式装扮,许多都是

第六课　玩物不丧志

从玩具市场里发掘出来的。

派对玩具可是越夸张越有趣,长得像八爪鱼的帽子、小鸭造型软帽、饰有羽毛的化妆面具、夸张得有些诡异的大斗篷,都是出席有趣派对的"战袍"。据说,近来年轻人还很喜欢在派对中玩一些整蛊人的玩具,像普通的香烟盒中忽然蹦出一只蟑螂,粘人牙齿的口香糖,这些小东西常在不经意间将别人吓一跳呢!

益智玩具

小孩需要启智,大人同样也要开发智力。如今,适合成年人玩的益智玩具种类不少,它们的玩法看似简单,却也需要费脑筋。据说,小小的益智玩具可以锻炼手与脑之间的协调性,对于终日忙碌的成年人来说,是个不错的休闲方式。

在玩具市场中,最常见的是一些木质的益智玩具,像孔明锁、单身贵族、华容道、笼中取宝、伤脑筋十二块、抽木棒、平面迷宫、伦敦塔之迷等都颇受欢迎。解扣类的九连环是益智玩具中的经典游戏,就是将铁索上相连的九个圆环逐一解开。最新的九连环玩具已发展至解开多于九个环的类型。别看它小,其实它背后还有一套高深的数学理论基础呢!不过,听一些益智玩具的老玩家说,一个益智玩具的"游戏寿命"并不很长,益智游戏都有一定的规则,一般成年人多玩几次,便能将它们的规则口令破解。

(选自《广州日报》2004 年 11 月 12 日)

请你说一说

你喜欢玩具吗?喜欢什么样的玩具?能介绍几种你曾经玩过的新奇的玩具吗?如果让你发明玩具,你会发明什么样的?

第七课　入乡问俗

主课文

拐弯抹角、言在意外
——一种东方式的行为模式

　　东方人在为人处事时，一向不喜欢"直来直去"。他们表面上说的、做的和心里真正的想法似乎"表里不一"。这在大多数时候，是出于礼貌。如果哪一天大家真的"打开天窗说亮话"，明确地表示"是"或者"不"，不是双方撕破了脸皮，就是摊牌的时刻到了。

　　这种"拐弯抹角、意在言外"的委婉，有时候是"只可意会，不可言传"的。就是一个土生土长的年轻人，往往也只有在多年的经验积累之后，才能学会察言观色，具备较强的分辨能力，明白什么是对方的真正意图，并采取适当的行动。只有到了这时，别人才会觉得他成熟、稳重、举止得体，用大白话说，就是"会说话、能办事"。

　　要了解东方人，和东方人打交道，你就非得了解这种东方式的行为模式不可，如果还是直来直去、一切都摆在桌面上来讲，很多时候是行不通的。

第七课　入乡问俗

这种情形在中国的人际交往中最常见的表现有：有话不直截了当地说，要先绕个大弯，说许多无关紧要的话，最后才透露出真正的用意。当对方回答"不"的时候，未必真的是"不"，可能只是用拒绝来摆摆架子，或是客套性的回答，当你第二次再恳求时，对方可能就同意了；反过来说，当对方一个劲儿地说"好"的时候，也未必就真的表示同意，或许仅仅是不愿意当面让你难堪而已。就是日常语言表达，在提出建议、请求或发表见解时，人们也喜欢把语气说得比较轻、比较婉转，否则就会显得粗鲁、无礼。

这样的行为方式可能出现在日常生活中，也可能出现在工作中。下面，我们一起来看看几个具体的例子。

故事一：

有一天晚上，都差不多十点了，有个朋友突然来访。经过一阵礼貌性的寒暄之后，宾主就座。这个时候上门，一定有什么特别的事情。我洗耳恭听，想弄清他的来意。谁知道，这个朋友东拉西扯地侃了一个多钟头，我还是搞不清他到底想说什么。时间实在太晚了，我只好委婉地下逐客令：

"老张，大家明天还都得上班，有什么事你就直说吧！或者，咱们明天再谈。"

"没事，没事，真的没什么事！我只不过顺便过来和你聊聊而已。"

我只好站起来送客。一阵无语之后，我们走到了楼梯口。我正要说再见的时候，老张开口了：

"老李，最近手头不方便，能不能……"天哪！这么熟的朋友，几分钟就可以谈完的事，这位老兄居然花了将近两个小时。

故事二：

大学毕业后，张进到一家公司工作。

经过一段时间的研究和调查后，他向上司提交了一份自认为是完美的改革方案。公司如果接受这个方案，每个月不但产量可以增加一倍，成本还可以节约百分之十。在他送交方案，并作了详细的口头说明以后，上司赞不绝口：

"聪明！有想像力！办法也很高明！……不过，我们还得再研究研究。"

他满心高兴地回来，期待上司"研究"之后的好消息。

谁知道，一连过了好几天，上司见到他就好像没有这件事一样。等啊，等啊，他终于忍不住了，大着胆子到上司的办公室问领导们对他的方案的"研究"结果。

这回，上司笑眯眯地回答道："小张，我们仔细研究过了。你的想法很好，计划也很周密，不过，现在这样做时机还不成熟。这个问题还需要深入研究。(拍拍他的肩膀)肯动脑子，很不错！年轻人，好好干，将来有你的！"

他才终于明白，原来，上司第一次就不认可那个方案。如果上司感兴趣，一定会找出方案中的缺点，让他再好好考虑。上司的赞扬，其实是拒绝，只是想照顾他的情绪，不愿意让他难堪而已。

故事三：

在一家房地产推销公司，来了一位新手。这位新手第一次出去搞推销，回来就喜滋滋地告诉师傅："今天我接待了一位好客户。这位客户对咱们的房子非常满意。他既不讨价还价，又没对布局、装修百般挑剔，一个劲儿地夸房子不错。还说，这么漂亮的房子一定可以卖个好价钱。"

第七课　入乡问俗

师傅一听,马上就问:"他有没有和你再约定时间,或者有没有其他表示?"

"没有啊。他只说还会跟我联系。不过,我看,他那么喜欢这套房子,肯定错不了。"

师傅大笑起来:"你错了。这位顾客其实对房子并不满意,这笔买卖肯定泡汤了。常言道,嫌货才是买货人,如果他真的想买,一定会意见一大堆、鸡蛋里边挑骨头,可能还要查产权、谈价格。观察得愈仔细,问得愈多,愈挑剔,那才表明他有意购买;他嫌这嫌那,只不过是以退为进,好跟我们讲价钱,为自己争取一点利益罢了。"

师傅的直觉非常准确,果然,这位顾客再也没有跟他们联系。

结论:

人与人交往,最重要的是相互了解、相互理解。了解对方思考问题、处理问题的方式、方法,才能避免误会,进行成功的交流。每到一个新的地方,入乡问俗,到什么山上唱什么歌,不失为一种明智的选择。

(摘编自《儿子兵法》,中华工商联合出版社)

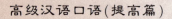

高级汉语口语(提高篇)

● 词　语

1. 入乡问俗		rùxiāng-wènsú	到一个新的地方先了解它的风俗习惯。
2. 拐弯抹角		guǎiwān-mòjiǎo	沿着弯曲的路走，形容说话、做事不直接、绕弯子。
3. 意在言外		yìzàiyánwài	所要表达的意思不是所说的话的本身的意思。
4. 行为模式		xíngwéi móshì	心理学名词,在某种情况下行为的固定形式。
5. 为人处事		wéirén-chǔshì	做人、处理事情的方法、态度。
6. 直来直去		zhílái-zhíqù	说话做事直率不绕弯子。
7. 表里不一		biǎolǐbùyī	表面和内心不一致,做的和想的不一致,常带有贬义。反义词:表里如一。
8. 摊牌		tān pái	比喻在最后时刻把所有的意见、条件、实力都展现出来。
9. 委婉	(形)	wěiwǎn	(言词、声音等)很婉转,不直接。
10. 土生土长		tǔshēng-tǔzhǎng	在当地出生、当地长大。
11. 察言观色		cháyán-guānsè	通过分析言语、观察脸色来猜测对方的意图。
12. 分辨	(动)	fēnbiàn	辨别。
13. 举止	(名)	jǔzhǐ	姿态和风度
14. 大白话	(名)	dà báihuà	老百姓日常生活中说的话。
15. 直截了当		zhíjié-liǎodàng	说话做事简单爽快、不绕弯子。
16. 无关紧要		wúguānjǐnyào	和紧急重要的事情没有关系

第七课　入乡问俗

17.	透露	（动）	tòulù	泄露（消息）；显露（意思）
18.	客套	（形）	kètào	表示客气的套语。
19.	难堪	（形）	nánkān	不好意思，难为情。
20.	婉转	（形）	wǎnzhuǎn	说话做事温和而不直接。
21.	粗鲁	（形）	cūlǔ	粗暴鲁莽，没有礼貌。
22.	寒暄	（动）	hánxuān	见面时谈天气冷暖之类的应酬话。
23.	洗耳恭听		xǐ'ěrgōngtīng	洗干净耳朵恭敬地听，形容认真听别人说话的样子。
24.	成本	（名）	chéngběn	生产一种产品需要的全部费用。
25.	认可	（动）	rènkě	承认与许可。
26.	推销	（动）	tuīxiāo	一种销售方式，由公司雇员进行面对面的推荐、销售。
27.	喜滋滋	（形）	xǐzīzī	内心高兴、得意的样子。
28.	装修	（动）	zhuāngxiū	对房屋内部进行粉刷及安装各种设施。
29.	百般		bǎibān	用各种办法：~阻挠；~劝解。
30.	挑剔	（动）	tiāotī	过分严格地在细节上提出要求。
31.	泡汤	（动）	pàotāng	口语，落空；失败。
32.	产权	（名）	chǎnquán	对房屋等产业的所有权。
33.	以退为进		yǐtuì wéijìn	用暂时的后退来获得更大的前进。
34.	直觉	（名）	zhíjué	根据经验、感觉得出的看法。

109

● 注　释

1. 打开天窗说亮话	毫不隐瞒地把心里的话都说出来。
2. 只可意会，不可言传	只能够通过直觉领会，很难用语言来传达。
3. 一切都摆在桌面上	把所有的东西都毫不隐瞒地让双方知道。
4. 摆架子	为显示自己或别的目的，故意摆出的一种姿态。
5. 逐客令	赶客人走的话。
6. 鸡蛋里边挑骨头	比喻过分挑剔。
7. 到什么山上唱什么歌	比喻根据具体场合、地方的情况、风俗采取适当的行动。

● 练　习

一　请用正确的语气和语调朗读下列句子：

1. 如果哪一天大家真的"打开天窗说亮话"，明确地表示"是"或者"不"，不是双方撕破了脸皮，就是摊牌的时刻到了。

2. 就是一个土生土长的年轻人，往往也只有在多年的经验积累之后，才能学会察言观色，具备较强的分辨能力，明白什么是对方的真正意图，并采取适当的行动。

3. 反过来说，当对方一个劲儿地说"好"的时候，也未必就真的表示同意，或许仅仅是不愿意当面让你难堪而已。

4. "老张，大家明天还都得上班，有什么事你就直说吧！或者，咱们明天再谈。"

5. 天哪！这么熟的朋友，几分钟就可以谈完的事，这位老兄居然花了将近两个小时。

6. "聪明！有想像力！办法也很高明！……不过，我们还得再研究研究。"

7. "我们仔细研究过了。你的想法很好，计划也很周密，不过，现在这样做时机还不成熟。这个问题还需要深入研究。"

第七课 入乡问俗

8. 这位客户对咱们的房子非常满意。他既不讨价还价,又没对布局、装修百般挑剔,一个劲儿地夸房子不错。还说,这么漂亮的房子一定可以卖个好价钱。

二 请说出下列各句中画线部分的含义:

1. 不是双方撕破了脸皮,就是<u>摊牌</u>的时刻到了。
2. 这种"拐弯抹角、意在言外"的情况,常常是"<u>只可意会,难以言传</u>"的。
3. 往往只有在多年的经验积累之后,才能学会<u>察言观色</u>,具备较强的分辨能力。
4. 当对方回答"不"的时候,未必真的是"不",可能只是用拒绝来<u>摆摆架子</u>,或是客套性的回答。
5. 这个时候上门,一定有什么特别的事情。我<u>洗耳恭听</u>,想弄清他的来意。
6. 老李,最近<u>手头不方便</u>,能不能……
7. 这位顾客其实对房子并不满意,这笔买卖肯定<u>泡汤</u>了。
8. 如果他真的想买,一定会意见一大堆、<u>鸡蛋里边挑骨头</u>。

三 根据课文的内容,用指定词语回答下列问题:

1. 东方人为人处事不喜欢直来直去的主要原因是什么?

   表里不一　出于　礼貌　打开天窗说亮话　脸皮　摊牌

2. 东方人这种"拐弯抹角、意在言外"式的委婉很容易学会吗?

   土生土长　积累　察言观色　分辨　意图　举止　得体

3. 这种"拐弯抹角、意在言外"的行为方式在人际交往中是怎样具体表现的?

   直截了当　无关紧要　用意　摆架子　客套　难堪

4. 第一个故事中,那位老朋友是怎样说出自己的真正来意的?

   寒暄　洗耳恭听　东拉西扯　逐客令　顺便　手头　居然

5. 第二个故事里,上司怎样拒绝张进的改革方案?

   提交　赞不绝口　想像力　期待　忍不住　笑眯眯　时机　研究

111

高级汉语口语(提高篇)

6. 第三个故事中,师傅为什么认为那笔买卖泡汤了?

鸡蛋里挑骨头　观察　挑剔　嫌这嫌那　以退为进

四　语言实践:

1. 分组表演课文中的三个故事,并说明是哪种行为模式?
2. 根据课文,总结一下东方人为人处事的特点。
3. 对比课文,总结一下你们国家人际交往中应该注意的方面。

● 词汇学习

一　请在句中填入适当的词语:

拐弯抹角　意在言外　为人处事　表里不一　土生土长
察言观色　直截了当　洗耳恭听　以退为进　直来直去

1. 他这个人(　　　　),嘴上说的和实际做得完全不同。
2. 爷爷是(　　　　)的东北人,性格很豪爽,说话喜欢(　　　　)的,不会(　　　　)。
3. 我们是多年的老朋友,有什么话就(　　　　)地说吧,不用绕弯子。
4. 人成熟的标志之一就是学会(　　　　)的道理,特别是在人际交往中要善于(　　　　),弄清对方的真实意图。
5. 你有什么高见请讲出来,我们(　　　　)。
6. 我们暂且先耐心等待,等对方行动以后再出手,这就叫(　　　　)。
7. (　　　　)对一个外国人来说是最难理解的,所以要学习语言,同时也要学习使用这种语言的人们的文化。

二　从所给的词语中选择一个,完成句子:

1. 请你(分辨/分辩/分析/分明)一下儿,这两者有什么区别吗?
2. 据有关人士(透露/暴露/裸露),近期人民币储蓄可能要加息。
3. 他(粗鲁/粗俗/粗暴)地一把把我推开,大步走了出去。
4. 学了这么多年,居然被一个小学生问住了,真是让人(难堪/难过/难受)。

第七课 入乡问俗

5. 你不要过分(挑剔/挑选/挑刺),差不多就行了。

三 以下这些俗语、成语、惯用语中都使用了比喻,试着回忆一下,这类词语你还学过哪些?请至少找出五个来。

打开天窗说亮话;一切都摆在桌面上;鸡蛋里边挑骨头;到什么山上唱什么歌;洗耳恭听;摆架子;撕破脸皮;摊牌

语言要点与操练

● **怎么说**

语气(二)

表态语气(2):减缓语气的方法

在很多场合,我们常常需要使用一些特定的词汇和句式来减缓说话的语气,这样,由于语气比较舒缓,表达起来比较委婉,显得比较客气,听话人会觉得比较舒服。当然,委婉的说法因人而异、因场合的不同而不同,学习时要特别注意其中细微的差别。以下,就是常见的一些使语气减缓的特定词汇和句式

1. 词汇

可能/没准儿/应该

也许/或许/大概

比较/不太/还

稍微/略微

倒/其实/并不/事实上

动词重叠式:

看看/走走/散散步/听听音乐/研究研究/考虑考虑

2. 句式

否定式:不太……/不很……/不怎么……/不那么……/不都……

表示少量:有点儿……/……一点儿

113

高级汉语口语(提高篇)

疑问式:是不是……/能不能……/是否……/能否……

停顿:这么说……/看来……/这么说来……

假设+疑问:如果……,你看……/……的话,你觉得……/要是……,会不会……

先肯定,后否定:好是好,就是……/……,不过……/……,只是……

练习:请找出课文中的上述用法,并在"交流和讨论"中试着用比较婉转的语气来叙述自己的观点。

● 句式和表达

1. 一向

例句:东方人在为人处事时,一向不喜欢"直来直去"。

表达:

(1) 我相信他;他从来都是一个非常讲信用、诚实可靠的人。

(2) 一定是路上堵车了;他一直都非常守时,从来不无故迟到。

(3) 这么多年来,我……

(4) 不管是晴天还是下雨,……

(5) 那家伙太不像话了,连……的他也忍不住了。

2. 不是……就是……

例句:如果哪一天大家真的"打开天窗说亮话",明确地表示"是"或者"不",不是双方撕破了脸皮,就是摊牌的时刻到了。

表达:

(1) 可以是你来,也可以是我去;反正,我们一定得见面好好谈一次。

(2) 他的生活习惯我太了解了;周末,他要么跟朋友一起喝酒,要么在家看电视。

(3) 看他不知所措的样子,……

第七课　入乡问俗

　　(4)……,没什么好犹豫的,反正你应该试试。
　　(5) 困难像弹簧,(你强它就弱,你弱它就强)……

3. 就是……也……
　　例句:就是一个土生土长的年轻人,往往也只有在多年的经验积累之后,才能学会察言观色,具备较强的分辨能力。

　　表达:
　　(1) 他是个沉着、镇定的人;遇到紧急情况,他总是保持冷静。
　　(2) 机场高速路修好以后,开车半小时就能到达机场;晚一个小时走,也还来得及。
　　(3) 他心细如发,……也要一一记下来,以便将来核对。
　　(4) 那位教授的口音实在太重了,……
　　(5) 在法律面前人人平等,……

4. 反过来说……
　　例句:当对方回答"不"的时候,未必真的是"不"……反过来说,当对方一个劲儿地说"好"的时候,也未必就真的表示同意。

　　表达:
　　(1) 人口太多是中国现代化过程中的一大障碍;中国要发展,一定要搞计划生育,解决人口问题。
　　(2) 他打人是不对的;不过,你先骂他也是不应该的。
　　(3) 不用功,当然学不好;用功过了头,变成书呆子,也是学不好的。
　　(4) 球队成绩的好坏跟球迷的多少成正比,……
　　(5) 摄入过多高热量食物,缺少运动是造成肥胖的主要原因,……

5. 居然……
　　例句:天哪! 这么熟的朋友,几分钟就可以谈完的事,这位老兄居然花了将近两个小时。

表达：

(1) 她学习成绩优秀，各种证书无数，谁知道，只因为相貌平平而没有被那家公司录取。

(2) 一般说来，癌症是不治之症；谁也没想到，一年之后，他把胃癌完全治好了。

(3) 我不敢相信，半夜三更，又那么大声，……

(4) 他们俩的性格完全不同，一个好动，一个好静，……

(5) 他一向是个粗枝大叶的人，……真不容易！

6. 谁知道……

例句：• 谁知道，这个朋友东拉西扯地侃了一个多钟头，我还是搞不清他到底想说什么。

• 谁知道，一连过了好几天，上司见他就好像没有这件事一样。

表达：

(1) 他外表瘦瘦弱弱、白白净净的；在校运动会上，他居然得了百米冠军。

(2) 人们都来安慰他；大家以为他一定会心情好一些；可他还是满脸的不高兴。

(3) 本来想利用假期去打工，……

(4) ……，谁知道，偏偏就是他没有通过。

(5) "有心栽花花不发，无心插柳柳成荫"的意思是……

7. ……不失为……

例句：每到一个新的地方，入乡问俗，到什么山上唱什么歌，不失为一种明智的选择。

表达：

(1) 他虽然年轻、缺乏经验，但是脑子活、干劲足；算得上是一个合适的人选。

(2) 虽然犯了错误，但亡羊补牢；这还是相当聪明的做法。

(3) 这部电影虽然节奏较慢，但格调高雅、画面优美、主题深刻……

第七课　入乡问俗

（4）……，不失为一个学习、生活的好地方。

（5）这辆车尽管是二手货，但发动机和主要部件性能都相当好，……

交流和讨论

● **热身练习：请思考**

1. 你认为，进行成功的人际交流的关键是什么？
2. 你觉得有哪些共性是人类共通的？哪些是各民族不同的？二者的关系如何？
3. 各个民族的特点和个性可以具体体现在哪些方面？
4. 民族个性会妨碍彼此的交流与理解吗？什么会导致障碍的产生？
5. 按照你的亲身体验，到一个陌生的地方，要避免发生误解应该注意什么？

● **课堂讨论**

到什么山上唱什么歌？

请结合自己的经验，在讨论的基础上发表见解：到一个陌生的地方，应该注意哪些问题？

1　行为方式、风俗习惯：

外向；内向；直率；委婉；热情；冷淡；好客；豪爽；不爱管闲事；各扫门前雪；外冷内热；不轻易流露感情；自然；随意；古板；保守；精明；朴实；大方；小器；有正义感

2　文化、社会、经济：

国家；家庭；个人主义；集体主义；宗教；信仰；价值观；自由；人性；善；恶；发达；落后；开放；封闭；和谐；冲突；和平共处；平等；互补；互惠；互利；理解；；交流

高级汉语口语(提高篇)

副课文

(一) 从分蛋糕看中西方文化差异

对文化差异一词,人们并不陌生。为什么西方的笑话,在中国笑不起来?为什么在中国广为传颂的传统美德"谦虚",在西方则被认为是无能的表现?在东方,更强调集体表现和集体主义精神,在西方,则强调个人表现,他们认为,不愿显露自己才华的人,是不可思议的和奇怪的。以上问题的症结,归根到底是文化差异问题。

笔者在国外留学期间,第一次体验到文化差异的问题,是由与西方同学一起参加生日晚会分蛋糕时引发的。

记得在我生日的当天晚上,来自欧洲国家的几个同学为我端来了极精美的生日蛋糕,我很兴奋,竟忘记周围的朋友都是外国人了,我一古脑儿凭借中国的思维方式及礼仪习惯(先考虑别人,后考虑自己),自然把蛋糕分成几块,每个朋友得一大块儿,最后只留给我自己一小块儿(我自以为,这种分法会让人们感到,我很大方,很好客),然而,出乎我意料,朋友们只是安静地吃着分给他们的大块蛋糕,并未发现他们很愉快,或者像中国人那样,很客气地推掉大块蛋糕,主动要求吃小块的,这令我感到有些别扭。

当另一西方朋友过生日时,我才发现,她分蛋糕的方式与我截然不同。分蛋糕之前,她会问各位:"要大块还是小块?"出于中国式的客气,我要了一小块儿(其实心里想要大块儿),她果真尊重我的意见,切了象征性的一小块儿给我,这令我不太高兴,心里嘀咕:"真小气。"——因为按中国人的思维及礼仪,朋友是因为客气才要小块的,在这种情况下,主人应违背客人的表面要求,强迫客人吃大块儿的,以显示主人的大方和对朋友的厚待。我观察到,因其他朋友各自要了一小块儿,结果有约二分之一的蛋糕留给了主人自己,她只吃了一小块儿,便把剩余的放进了冰箱,终因蛋糕久置而变质。

事后我领悟到:西方人的思维及为人处事的方式较东方人简单,语言表达的特点可概括为"表里如一"、"话里无话",即:"是"就是"是","不是"就是"不是",如:到主人家吃饭,若感觉饱了,就说"吃饱了",没有饱,就说"不饱"。相比

第七课　入乡问俗

之下,东方人特别是中国人的语言表达的意思较为复杂,常依场合而定,有时会出现"表里不一"、"意在言外"的现象,如:到主人家吃饭,即便感觉不饱,也要向主人说,自己饱了,以表示客气和减少主人的麻烦。

(二)颜色的选择

每个人都有自己喜欢的颜色,一个国家和民族也一样。对不同颜色的喜好从整体上可以反映一个民族或者国家的审美情趣与好恶倾向。

有一次碰到一对外国夫妇,谈起上海APEC会议上各国领导人穿的中国民族服装,他们都说非常好看,但有一点不太明白,为什么亚洲领导人大多穿红,而西方领导人都选择了蓝色。我说颜色都是领导人自己选定的。大概亚洲国家有着相同的文化背景,红色在中国文化里,也可能在整个亚洲文化中都代表着幸运、财富和喜事,所以亚洲领导人都不约而同地选了红色。我又问,红色和蓝色在西方文化里代表什么?他们说红色在西方人的观念里是血的颜色,表示冲动、革命和动乱,而蓝色则代表冷静和沉着。普京也选择了蓝色的衣服,所以虽然俄罗斯有时声称自己是欧亚国家,但从文化渊源上还是更加接近西方。

(三)洋泾浜

我在一家大饭店工作,因为工作关系,常常要说英语。我的英语不太地道,被英美朋友叫做"洋泾浜"(Chinglish),就是中文版的英语的意思。说到英语的版本,听说除了"Chinglish"外,还有新加坡版(Singlish),印度版(Inglish)等等。各种各样的洋泾浜,各有各的精彩之处。

新加坡版的英语,末尾辅音往往省掉,"兔子"不说"rabbit",说"rabbi",最后的"t"太胆小,缩起来了。说时间长了,你真恨不得把它的尾巴从喉咙里给揪出来。而且,Singlish听起来抑扬顿挫,特别亲切,真像一种你不懂的汉语方言。听印度版的英语,是一场意志和体力的双重考验:你乍一听,几乎没有一个你熟悉的单词。等他"d、p、b、l"了几分钟,你才明白,这就是英语中常见的"th、f、v、r"。如果你一不小心碰到日本版的英语,那只好祈求天皇陛下保佑了。惟一可行的方法是拿起笔和纸,把你要表达的意思用英文和汉字写在纸上给他看。

高级汉语口语(提高篇)

我和客人互相用洋泾浜折磨了对方之后,客人住进了饭店。以后或是旅游,或是做生意,或是讲学。英语的不纯正并不影响我们的工作和交流。接过客人们的英文传真件,你真一时无法把那流利的英文稿和他们的洋泾浜联系起来。其实,我们应该明白这样一个道理,语言主要是为了交流的,只要达到了交流的目的,什么版本的洋泾浜又有什么关系呢?

请你说一说

1. 设计一个问卷调查,对比不同国家、不同民族(至少五个)的客套话,看看彼此之间有什么不同,并向全班同学汇报调查的结果。

2. 根据副课文,讲述一件你所感知的文化差异的事情(如颜色的选择,各种洋腔洋调的外语等)。

第八课　道高一尺，魔高一丈

主课文

科技进步的福与祸

主人：社会学学者，研究科技进步与社会发展的关系。（以下简称"主"）。

客人：主人的老朋友，也是研究人文科学的。（以下简称"客"）。

时间：一个周末的晚上。

地点：主人家的客厅。

客：　现在社会的科技进步对社会发展有什么样的影响？这个问题我一直弄不太清楚。今天想听听你的意见。

主：　总的来看，在人类社会的发展进程中，科技进步的速度是越来越快了。如果说，在古代，几十年甚至一个世纪才能出现一项有价值的科技发明，那么，当代的科技发展，则是各种发现、发明层出不穷，科技水平五年一小变，十年一大变，用"日新月异"来形容一点也不过分；当然，其中还包括信息传播、科技推广的速

度。好处是显而易见的。全球经济越来越发达,人们的日子越过越舒服,生活越来越便利,空闲时间越来越多……可是,我们也应该看到,这些新的科学技术在为人类造福的同时,总会带来一些副作用。有些副作用是显而易见的,有些却是始料未及的;后者往往比前者破坏性更大。因此,有人把现代高科技比喻为一把锋利无比的双刃剑,既能救人,也会伤人;既能造福,也会为祸。因此,充分意识到其中的危险性,并及早采取防范措施,是事关人类兴衰存亡的大事。

客: 能不能说,核技术的发展就是一个很好的例证呢?

主: 的确是这样。半个世纪前,核武器的出现让人们深切体验到了科学技术的可怕,人类有史以来第一次具备了自我毁灭的能力。据推算,如果现在爆发一场世界规模的核战争,世界核武器库中所具有的能量足以摧毁地球表面所有的建筑物,核爆炸形成的烟尘将造成核冬天,而核辐射将损害所有幸存者的健康。不过,正是因为核武器的出现,使得战争没有了胜利者,第二次世界大战后,人类反而维持了半个多世纪的和平,能不能说这是因祸得福呢?事情有时就是这么矛盾吧!

客: 电脑产业和人工智能的发展是否也是对人类的新挑战?

主: 电脑产业出现并大发展以来,一直有人在警告,电脑就要取代人脑了,计算机迟早会比人聪明,到了那一天它就会控制人类。科幻电影、科幻小说也在推波助澜,一再描绘这种可怕的未来世界。前两年,甚至有人设想,可以把电脑芯片植入大脑,那样人们就再也不用辛辛苦苦地学习、记忆了,需要什么信息只要像电脑那样,插入磁盘拷贝一下就万事大吉了。不知道这是算人脑控制电脑,还是算电脑控制人脑。最近发生的一件事好像验证了这个预言的正确性:一位国际象棋世界冠军和人工智能

第八课　道高一尺，魔高一丈

　　棋手进行了系列对抗赛，结果天下无敌的世界冠军最后败下阵来。这证明，虽然人工智能发展的历史不过几十年，但已经在一些方面胜过了人脑。可见，"电脑比人脑聪明"并不是不可能的。此外，电脑网络化正在迅速发展，全球信息高速公路已经初具规模，人类的确已经到了"离开电脑就活不下去"的边缘。从防患于未然的角度说，这种观点有其合理性。

客：这么说来，危险正在一天天地迫近了？

主：我倒不这样看。其实，从18世纪的工业革命到现在，人类社会进步的过程就是机器代替人做事的过程；这样一来，人们就有更多的时间来作更多的研究，发展更新的科技，改进原来的老机器、发明更多的新机器，让它们更好地为人类服务。汽车、飞机、电脑，它们再先进也不过是工具，代替不了人的。比如，机械手在生产线上代替了人手，汽车轮子在公路上代替了人腿。这两件事都没有引起恐慌，为什么呢？人手、人腿虽然在某些时候、某些场合不如机器，被机器取代了，但它们的大多数功能还是机器所无法取代的，所以到现在它们还好好地长在人的身上。按照这个道理来推论，电脑就没有那么可怕了。电脑可能在一些事情上比人脑强，取代了人脑，但人还是可以用脑子去干电脑干不了的事。说到底，电脑只是人造出来的一种工具，如果没有哪一个野心家或狂人捣乱，我想，电脑是不会"想到"要来控制人类的，这对它没有好处。

客：自从英国科学家造出克隆羊后，"克隆人类"恐怕就是科技发展所面临的下一个挑战。从技术角度看，克隆人类可能吗？

主：你一定看过《侏罗纪公园》吧。那部电影里头，只要从几千万年以前的蚊子血里得到一点点基因，就可以克隆出恐龙来。虽说这只是一种幻想，可和克隆恐龙相比，克隆人要简单得多。人和

羊同属哺乳动物,从技术角度来看,既然可以克隆羊,那么,具备克隆人类的能力只是一个时间问题。

客: 如果真的克隆出人来,会有什么后果?

主: 这个问题说复杂很复杂,说简单也很简单。你想想看,假如一部分人是从试管、培养箱里造出来的,没有父母、没有亲戚,他们是不是能和从娘肚子里生出来的人"生而平等"呢?假如有一天,我们的子孙怕麻烦,或者出于什么别的原因,不用自己的身体来"制造"孩子了,他们的精神又怎么寄托呢?他们会感到幸福吗?那时的社会该是个什么样子?

　　反正,有一点是毫无疑问的,克隆人的出现会让我们的世界从信仰、道德、伦理、法律到家庭、人际关系都发生了天翻地覆的变化。依我看,在没有做好准备之前,这个潘多拉的盒子还是关得紧一些比较好。

客: 这样看起来,在发展科技时,预见性很重要。那么,怎样才能作出正确的预测呢?

主: 爱因斯坦在《要使科学造福于人类》中说过一句名言:"如果想使科学的应用有益于人类,那么,只懂得科学的应用是远远不够的。"当今社会的发展,确实迫切需要自然科学与人文科学的结合,物质文明与精神文明的协调。不过,我是个乐观主义者,我相信,从长远来看,人类的智慧和良知终究能使科学技术更好地为人类服务,世界的明天一定会由于科技的进步而更加繁荣、文明。

第八课　道高一尺，魔高一丈

词　语

1. 层出不穷		céngchū-bùqióng	连续不断地出现，没有穷尽。
2. 日新月异		rìxīn-yuèyì	每日每月都出现新的情况、呈现新的面貌。形容发展迅速。
3. 推广	(动)	tuīguǎng	扩大技术及其他事物的使用范围。
4. 显而易见		xiǎn'éryìjiàn	事情或道理很明显，容易看清楚。
5. 便利	(形)	biànlì	方便，使用起来没有困难。
6. 始料未及		shǐliào-wèijí	开始的时候预料不到或没有想到。
7. 防范	(动)	fángfàn	防备（出现意外、不好的情况）。
8. 兴衰存亡		xīngshuāi-cúnwáng	兴盛与衰弱、存在与灭亡。
9. 辐射	(动)	fúshè	从中心向各个方向沿直线放射出去，特指能量的一种传播方式。radiate
10. 幸存	(动)	xìngcún	幸运地存活下来。
11. 因祸得福		yīnhuò-défú	遭受祸害之后，反而获得了好处。
12. 智能	(名)	zhìnéng	智慧和能力。
13. 警告	(动)	jǐnggào	提醒，使人警惕。
14. 推波助澜		tuībō-zhùlán	促使事物（多指坏的）的发展，扩大其影响。
15. 芯片	(名)	xīnpiàn	半导体集成电路板：电脑~。CMOS chip
16. 磁盘	(名)	cípán	电脑储存数据的部件，分硬

125

			盘、软盘。disk
17. 拷贝	(动)	kǎobèi	Copy 的汉语音译。
18. 万事大吉		wànshì-dàjí	一切顺利,什么问题都解决了。
19. 验证	(动)	yànzhèng	得到实践或事实的证明。
20. 崩溃	(动)	bēngkuì	完全被破坏。
21. 边缘	(名)	biānyuán	远离中心、靠近边界的部分。
22. 防患于未然		fánghuàn yú wèirán	在灾祸还没有发生的时候预先防止。
23. 恐慌	(动)	kǒnghuāng	感到恐怖和惊慌。
24. 野心	(名)	yěxīn	对权力、名利过分的欲望。
25. 克隆	(动)	kèlóng	clone 的汉语译音,指无性繁殖。
26. 恐龙	(名)	kǒnglóng	dinosaur
27. 哺乳动物		bǔrǔ dòngwù	高等脊椎动物,胎生,靠母亲的乳汁哺育幼仔。mammal
28. 寄托	(动)	jìtuō	把感情、理想、希望放在某人或某事上。
29. 伦理	(名)	lúnlǐ	人与人相处的各种道德准则。ethic
30. 天翻地覆		tiānfān-dìfù	形容变化很大、很剧烈。
31. 良知	(名)	liángzhī	人天生的判断是非、善恶的本能。

第八课 道高一尺，魔高一丈

● 注　释

1. 道高一尺，魔高一丈　　佛家用语，形容正气很难修得，邪气却容易压倒正气。
2. 双刃剑　　　　　　　　比喻好处和坏处都很大的事物。
3. 天下无敌　　　　　　　形容世界第一，没有对手。
4. 侏罗纪　　　　　　　　中生代中期，持续约六千万年，恐龙此时最繁盛。
   Jurassic
5. 潘多拉的盒子　　　　　希腊神话，天神宙斯(Zeus)让潘多拉(Pandora)带一个漂亮的盒子来到人间，盒子里装着各种灾祸。

● 练　习

一　请用正确的语气和语调朗读下列句子：

1. 这些新的科学技术在为人类造福的同时，总会带来一些副作用。有些副作用是显而易见的，有些却是始料未及的；后者往往比前者破坏性更大。
2. 有人把现代高科技比喻为一把锋利无比的双刃剑，既能救人，也会伤人；既能造福，也会为祸。
3. 正是因为核武器的出现，使得战争没有了胜利者，第二次世界大战后，人类反而维持了半个多世纪的和平，能不能说这是因祸得福呢？事情有时就是这么矛盾吧！
4. 不知道这是算人脑控制电脑，还是算电脑控制人脑。
5. 说到底，电脑只是人造出来的一种工具，如果没有哪一个野心家或狂人捣乱，我想，电脑是不会"想到"要来控制人类的，这对它没有好处。
6. 假如一部分人是从试管、培养箱里造出来的，没有父母、没有亲戚，他们是不是能和从娘肚子里生出来的人"生而平等"呢？
7. 有一点是毫无疑问的，克隆人的出现会让我们的世界从信仰、道德、伦理、法律到家庭、人际关系都发生了天翻地覆的变化。

8. 我相信,从长远来看,人类的智慧和良知终究能使科学技术更好地为人类服务,世界的明天一定会由于科技的进步而更加繁荣、文明。

二 请说出下列各句中画线部分的含义:

1. 当代的科技发展,则是各种发现、发明<u>层出不穷</u>,科技水平五年一小变,十年一大变,用<u>日新月异</u>来形容一点也不过分。

2. 有人把现代高科技比喻为一把锋利无比的<u>双刃剑</u>,既能救人,也会伤人;既能造福,也会为祸。

3. 需要什么信息只要像电脑那样,插入磁盘拷贝一下就<u>万事大吉</u>了。

4. 科幻电影、科幻小说也在<u>推波助澜</u>,一再描绘这种可怕的未来世界。

5. 一位国际象棋世界冠军和<u>人工智能棋手</u>进行了系列对抗赛,结果<u>天下无敌</u>的世界冠军最后败下阵来。

6. 从<u>防患于未然</u>的角度说,这种观点有其合理性。

7. 有一点是毫无疑问的,<u>克隆人</u>的出现会让我们的世界从信仰、道德、伦理、法律到家庭、人际关系都发生了<u>天翻地覆</u>的变化。

8. 在没有做好准备之前,这个<u>潘多拉的盒子</u>还是关得紧一些比较好。

三 根据课文的内容回答下列问题,并根据你的回答简述课文内容:

1. 为什么说现代高科技是一把锋利无比的双刃剑?
2. 核武器的出现对人类有什么影响?
3. 电脑产业目前发展到了怎样的水平?
4. 电脑是否真的会控制人类?
5. 克隆人在技术上是否可能?克隆人会有什么后果?
6. 要使科技发展为人类造福,应该注意什么?

四 语言实践:

1. 你对核能和核武器怎么看?
2. 请读一读你所知道的最新的高科技技术及产品。
3. 你支持还是反对克隆人,为什么?

第八课　道高一尺，魔高一丈

● 词汇学习

一　请在句中填入适当的词语：

层出不穷　　日新月异　　显而易见　　始料未及　　兴衰存亡
因祸得福　　推波助澜　　万事大吉　　防患于未然　　天翻地覆

1. 当今社会,科学技术(　　　　),新的科技产品(　　　　)。
2. 中国的人口政策,不单是一家一户的事,而是关系到整个国家和民族的(　　　　)的大事。
3. 孩子上网是玩游戏而不是学习,这是当初父母买电脑时所(　　　　)的。
4. 为了迎接"老龄化"社会的到来,我们应该(　　　　),建立和完善社会的保险机制和养老体系,切实解决人们的后顾之忧。
5. 改革开放二十年来,中国社会的各个方面都发生了(　　　　)的变化。
6. 他没有赶上航班,却(　　　　),避免了成为这次空难事故中的一员。
7. 由于媒体的(　　　　),本来微不足道的事件被炒得沸沸扬扬。
8. 这些重污染企业的污水排放对这条河流生态环境的破坏是(　　　　)的。
9. 明天把毕业论文交给导师,就(　　　　)了。

二　从所给的词语中选择一个,完成句子：

1. 这项新技术既节约能源又保护环境,值得(推广/推行/推进/推动)。
2. 我们应该加强(防范/防止/防备/防守)措施,避免类似事件再次发生。
3. 因为他考试作弊,受到了学校的(警告/预告/宣告)处分。
4. 经过(验证/论证/考证/保证),这次出土的文物是战国时期的。
5. 市政府调集了大量的物资供应市场,以应付可能发生的(恐慌/恐怖/恐怕/恐惧)性抢购。
6. 父母从小把你养大,你却把老人赶出了家门,你还有(良知/良心/良性)吗?

三 以下这些词汇表示的都是科技方面的事物。请问这种科技词语在构成上有什么特点？找出五个这样的词语来验证一下自己的看法。

核技术；核武器；机械手；培养箱；信息高速公路；
电脑；网络；试管；克隆；基因

语言要点与操练

 怎么说

口语的风格(二)：正式口语体与关联词

在较为正式的场合，如演讲、会议发言、学术讨论时，关联词使用频率较高。关联词不但可以清楚地表明语句之间的逻辑关系，使表达层次清晰、条理分明，还能使语言趋于正式、严肃。

汉语中的关联词大致可以分为以下三大类：

1. 表示并列关系：

也……也……/又……又……/既……又(也)……/
一边……一边……/一面……一面……/一方面……(另)一方面……/
……接着……/先……然后……/于是……
不但……而且……/反而……/况且(何况)……/……更不用说
(或者)……或者……/是……还是……/不是……就是……/要么……要么……

2. 表示因果关系：

因为……所以……/由于……因此……/……,因而……/
既然……就……/既然……还……/既然……那么……
要是……就……/要不是……就……/如果……就……/……的话/
只要……就……/只有……才……
以便(于)……/以致(于)……/以免(免得)……/省得……

第八课　道高一尺,魔高一丈

3. 表示转折关系:

虽然……但是(却)……/……,可是……/……,然而……/
……,不过……/不是……而是……
无论……都……/不管……都(也)……/即使……也……/
宁可……也……/……,否则……/……,除非……/
……,不然……/……,要不……

> 练习:请在"交流与讨论"发表观点时,连续用三组关联词来组织自己的语句。

● 句式和表达

1. 总的来看(说),……

   例句:总的来看,在人类社会的发展进程中,科技进步的速度是越来越快了。

   表达:
   (1) 每年的气候都会有差别;热一点或冷一点;科学统计表明,从本世纪初到现在,全球年平均气温已经上升了1摄氏度。
   (2) 当然,吸烟者不得肺癌,不吸烟者反而得肺癌的情况也不少;吸烟者得肺癌的比例还是大大高于不吸烟者。
   (3) 自学成才当然也是屡见不鲜的,不过……
   (4) 现在好像很流行女强人的说法,实际上……
   (5) 我虽然取得了一点小小的成绩,但……

2. 如果说……,那么……

   例句:如果说,在古代,几十年甚至一个世纪才能出现一项真正有价值的科技发现或发明,那么,当代的科技发展,则是各种发现、发明层出不穷……

   表达:
   (1) 古人迷信还可以理解;现代人迷信就有点说不过去了。
   (2) 上一次你那么做可能是迫不得已;这一次你这么做则是心甘情愿的。

(3) 如果说竞技体育的目的是为了奖杯、金牌、奖金的话,那么,群众体育……

(4) 如果说小学、中学时是"别人要我学"的话,那么……

(5) ……,那么,大学毕业以后就应该完全独立、一切靠自己了。

3. 事关……

例句:充分意识到其中的危险性,并及早采取防范措施,是事关人类兴衰存亡的大事。

表达:

(1) 结婚在汉语中又叫终身大事;因为结婚往往可能决定两个人一辈子的幸福。

(2) 教育、科技、文化事业很重要;它们能决定一个国家、一个民族的兴衰。

(3) 养成良好的生活规律、饮食习惯……

(4) 在一支足球队中,守门员的好坏……

(5) 中国是一个人口大国,粮食问题……

4. 可见,……

例句:虽然其发展历史不过几十年,人工智能已经在一些方面胜过了人脑。可见,"电脑比人脑聪明"并不是不可能的。

表达:

(1) 经过一番努力,他终于获得了好成绩;事实证明,他脑子不笨,以前只是不用功。

(2) 交通警察多,堵车现象就少;事实证明,加强管理是解决交通拥挤问题的有效途径。

(3) 坚持了半年的跑步锻炼之后,他的身体情况大有好转,……

(4) 连这么重要的事他也会迟到,……

(5) 既然老王这么好脾气的人都受不了,……

第八课　道高一尺,魔高一丈

5. 从……角度说,……

　　例句:从防患于未然的角度说,这种观点有其合理性。

　　表达:

　　(1) 究竟是应该车让人还是人等车？我们是人本主义者;我们认为,首先人应该受到尊重,当然应该是车让人。

　　(2) 对环保问题有各种不同的看法;要真正从根本上解决问题,我认为应该建立"自然第一,人类第二"的观念,这样才不会头痛医头、脚痛医脚。

　　(3) 失眠,从医学的角度来说……

　　(4) 从北京市人才优势的角度来说,发展信息业……

　　(5) ……,依法治国是国家长治久安的根本。

6. 这样一来

　　例句:人类社会进步的过程就是机器慢慢代替人去做许多事情的过程;这样一来,人们就有更多的时间来作更多的研究,发展更新的科技……

　　表达:

　　(1) 在国外留学,过外语关很重要;外语过关以后,就可以集中精力学习专业知识。

　　(2) 工作再忙也不能忽视健康;身体累垮了,就没有精力去工作;没有精力,也就不可能把工作做好。

　　(3) 今年夏天,我整整打了一个暑假的工,……

　　(4) 我好不容易说服了爸爸、妈妈……

　　(5) 天从人愿,这几天天气出奇的好……

7. 说到底

　　例句:说到底,电脑只是人造出来的一种工具……

　　表达:

　　(1) 出国留学可能有很多不同的目的;从根本上说,真正了解一种不同的文化是最重要的。

　　(2) 我们勤奋工作原因可能各不相同;从根本上说,是为了让生活变得更美好。

高级汉语口语(提高篇)

(3) 说到底,他们是你的亲生父母,……
(4) 说到底,我在这儿只是个外国人,……
(5) 说到底,电视、广播、报纸都是由人来办的,……

交流和讨论

● **热身练习:请思考**

1. 核技术的出现到底带来了哪些福与祸?
2. 电脑真的能够比人脑聪明吗?
3. 一些不育的夫妻可否使用克隆技术产生后代?
4. 科学技术的发展和人类社会的进步之间关系如何?
5. 科学研究的最终目的是什么?人文科学对科技发展有什么价值?

● **课堂讨论**

你们之中,两位朋友正在交谈,其中一位是专家。可以任选以下三个话题中的一个。提问者用五种以上不同的方式提问,专家用各种不同的列举、总结等方式以及适当的关联词来发表自己的见解。

1 核技术:

威力;能量;核聚变;核武器;摧毁;毁灭;核辐射;核冬天;大气层;核能;核电站;清洁;高效;事故;核泄漏;核污染

2 电脑与人工智能:

准确;高效;误差;自动化;机械手;无人驾驶;高速运算;自动识别;语音识别;思维;智慧;选择;超过;战胜;控制;夸大

3 克隆及现代生物工程技术:

克隆;基因;细胞;细胞核;复制;良种;退化;遗传;器官;移植;免疫;干预;家庭;伦理;道德

第八课　道高一尺,魔高一丈

副课文

(一)智能机器控制人类的可能性

虽然从目前来看,至少在今后很长一段时间内,计算机仍然是人类的工具,但从长远观点来看,早晚有一天计算机会拥有智慧。届时,会不会产生谁控制谁的问题?

从理论上来探讨,不能完全排除这种可能性。

首先,随着计算机,特别是网络技术的发展,计算机将深入人类社会的每一个角落。而且,在30年内,计算机将微型化,也许会像现在的手机一样大,可以挎在腰间,帮助你处理一切事务。在给人类生活带来极大便利的同时,计算机就具备了控制人类的物质基础,因为人类已经离不开计算机了。

其次,计算机的发展今后会越来越多地依赖软件的进步。软件开发是一种智力活动,较少受到物质条件的限制。这样,一名电脑天才,可以为全人类造福,也可能因为对社会不满而给人类带来灾难。

此外,由于软件越来越复杂,隐藏着产生变异的可能性。如果因为不可预测的原因,电脑系统运行产生变异,结果难以设想。据报道,现在就已经发生过生产线上的机器人突然"发疯",致使操作工人死亡的事故。

当然,总的来看,电脑技术的前途是乐观的。因为电脑智能技术的每一步发展,都离不开人类对自身智能认识的加深;从这个意义上说,电脑的进步也就是人类的进步。在这个发展过程中,人们一定能很好地解决计算机安全性的问题。

(二)克隆技术带来了什么?

所谓"克隆",是英文 clone 的汉语译音,意思是无性繁殖,用这种方法可以复制出同供体一模一样的克隆体。如英国科学家从一只雄性成年绵羊的乳腺组织抽取细胞,在实验室加以培育后,植入一个已经除去细胞核的卵子内,再将这个卵子放进另一只绵羊的子宫,让它正常生长,结果产下一只克隆绵羊。

克隆技术的核心,是通过基因手段对细胞进行控制,从而培育出具有人们所需要的基因特征的活体生物。这一生物技术有极其广泛的用途,可以为许多困扰人类的问题带来解决的希望。多少年来,培育优良的动植物品种、提高劳动生产率一直是科学家们追求的目标。但是,培育出来的一些优质品系往往面临着

物种不可抗拒的退化与变异问题。克隆技术不但可以大大加速优质品系的培育，而且可以永久保持优质品种。

疾病每年都要夺走成千上万的生命。尽管现代医疗技术已经使器官移植成为可能，但往往因为缺少器官供体而使本来可以救治的病人失去机会。运用克隆技术可以在动物身上培育出人体能接受的器官。

如何有效地保护濒临灭绝的珍稀动植物，是维护生态平衡、保护人类生存环境的一个重大课题。许多珍稀动植物走向灭绝的一个重要原因是生殖能力弱化，克隆技术将使这一问题迎刃而解。据悉，我国已开始研究运用克隆技术保护大熊猫。

特别值得一提的是，据临床医学提供的数据，目前5000多种单基因遗传病困扰着人类，许多重大疾病与遗传基因有关。克隆技术为战胜这些疾病带来了希望。

总之，克隆技术用途十分广泛，其价值无论怎样估计都不会过分。

然而，假如把克隆技术运用于繁殖人类，会出现什么景象？这个问题难以用一两句话说清楚，但在现阶段，后果无疑是灾难性的。从技术角度看，克隆将使人类由生育子女时代进入制造后代时代。人可以像流水线上的产品一样批量制造。用克隆技术造出来的人，性别、外表，甚至智力、性格都将被事先控制。

从社会伦理来看，克隆对人种自然构成和自然发展的干预会影响到社会的结构，甚至可能导致为某种目的而克隆具有某种生理特点的人的后果。从家庭伦理来看，克隆将根本改变人类的性伦理关系，进而改变人类的亲缘关系，家庭这种人类社会现阶段最基本的单位也就失去了存在的前提。

至少在可以预见的未来，一切克隆人类的尝试都将遭到禁止。

请你说一说

我们都看过不少科幻电影、科幻小说。请为全班同学讲述一个给你印象很深的科幻故事。

第九课　男女有别

主课文

性别按钮

假如我们身上有一个可以改变性别的按钮，可以随时改变我们的性别，我将在我的一生中多次使用它。先让我们来假设一下儿按钮的颜色，应该红色为男，绿色为女，因为中国素有红男绿女之说。

当我是一个胎儿的时候，我选择女性。因为科学研究证明：女性的 XX 染色体除了表示性别以外，还携带许多抗病的基因。君不见流产夭折的孩子中大部分是男婴吗？

当降生将要开始的时候，我要毫不犹豫地选择男性。最主要的原因是为了让我的亲人们高兴。因为尽管社会在不断进步，但一般的人还是喜欢男孩。为了让望眼欲穿的爷爷奶奶喜笑颜开，为了给我的亲人们多些快乐，我愿意满足他们的心愿。

我在襁褓中的时候，好像男女都无所谓。此时，我脱离了母体的温暖，将勇敢地面对自然界的风霜。我躺在温暖的小床里，在亲人们的呵护下，学着对世界上的一切事物微笑。

高级汉语口语(提高篇)

　　我在一天天地长大,此时,我还是选择女孩吧,因为女孩的舌头像鹦鹉,她们学话的速度比男孩子快多了。虽然中国有句古话叫"贵人语迟",但我还是愿意早一些学会向他人表达我的看法。

　　童年的美好时光来到了,我义无反顾地选择了男孩。因为爬高跳低,像野马一样到处疯跑,滚得一身泥,把玩具拆得七零八碎,在水里泥鳅一样游来钻去……这些都是属于男孩子的特权。男孩子在童年的游戏中享有天然的豁免权,当他们无意间损害了别人的财产或伤害了自己的身体时,大人们多半会宽容地一笑:男孩子嘛,就是这样!而女孩子则要扮演文静乖巧听话的角色,失去了太多的自由自在和随心所欲。

　　开始背起书包上学堂了。我此时又回到了女儿身。因为女孩子文文静静,乖乖巧巧,知道用功和努力,每次的好成绩都能博得老师的表扬和家长的夸奖。而男孩子仍像野马驹一样,没有一刻安静的时候,他们恶劣的成绩常要遭受老师的训斥、家长的责骂以及邻居们各色的眼光……有的男孩子就是在这种挫折感中失去了人生最可宝贵的自尊。

　　到了十一二岁,我赶快把红色按钮按下去,因为那位将陪伴每一位女性青春时代的朋友就要来了。由于它的到来,会使我们情绪不稳、焦躁易怒、让人厌烦,还是早点躲开的好。

　　此时的男孩永远是一个谜,他们仿佛一夜之间由男孩变成了男子汉,突然变得高大强健、英俊洒脱,老天在制造他们的聪明智慧、赋予他们勇气和旷达的同时,还随赠了一大包幽默。虽然他们也脆弱、孤独,也躁动不安,但他们在前进中不断自我完善。

　　俗话说女大十八变,女人最美丽的季节来到了。少女的头发像缎子一样黑亮,少女的眼睛像秋水一样波光粼粼,少女的皮肤细腻光滑无一丝褶皱,少女的心绪由一串串的玫瑰梦编织而成……我又忍不

第九课　男女有别

住回去做女人了。

但无论女人多么美丽，她们一生中最重要的一件事是寻找那个缺少了肋骨的男人，在寻找的过程中，演出了无尽的悲欢离合。

男人和女人终于合而为一了，此时我又重新选择了作男人。因为婚后的男人好像追赶太阳的夸父，一头担着事业，一头担着家庭。而女人则开始了她孕育生命、充满创造和艰险的旅程。她没有了少女艳丽的肌肤和苗条的身材，变得面目全非，在生与死的循环中搏击。

新的生命诞生了。我还是坚持做男人吧。哺育的担子太重，社会又对女人提出了太多的要求：既是贤妻良母，又是事业强人；既是孝敬公婆的儿媳，又是社交场合的夫人……女人禁不住要叹息：我在哪里？

做男人就简单多了，事业的成功是男人最大的奋斗目标，他们就像一艘巨大的航空母舰，缓慢而坚定地向既定目标前进。男人的自由多，男人的领域大；男人可以抽烟酗酒，可以大声骂人，可以随意宣泄自己的感情。

在不知不觉中，我们进入了老年。孩子们都长大飞走了，只留下一个空洞的巢穴。我们由于多年生活在一起变得越来越像。我们不可避免地走向最后的归宿。我们争论谁先离开的利弊。男人女人仿佛在争抢一件珍贵的礼物，都希望率先享受死亡的滋味。

在这生命的最后一轮，我选择了女性。男人，你先走一步好了。既然世上万物都要分出个顺序，既然谁留到最后谁更需要勇敢，我就陪你到最后。一个孤单的老翁是不是比一个孤单的老妪更为难？这是生命的分工，男人你不必谦让。

男人走了，我已无法选择。那两个红色绿色的按钮已经脱落了色彩，像两颗旧衣服上的扣子。选择性别，其实就是选择生命。男人和女人的命运有那么多的不同，又有那么多的相同。

高级汉语口语(提高篇)

我最后将两个按钮一起按下,它们破裂了,留下一堆彩色的碎片。
(根据毕淑敏的同名散文改写)

● 词 语

1. 男女有别		nán-nǚ yǒubié	男性和女性因有不同的生理、心理特征而应相应地遵循不同的行为规范。
2. 按钮	(名)	ànniǔ	用手按的开关。
3. 素有		sù yǒu	向来就有。
4. 胎儿	(名)	tāi'ér	母亲体内的幼体。
5. 染色体	(名)	rǎnsètǐ	细胞核中遗传的主要物质基础,由核酸和蛋白质组成,能被碱性染料染色。chromosome
6. 携带	(动)	xiédài	带在身上。
7. 基因	(名)	jīyīn	Gene 的汉语音译,指生物染色体中遗传的基本单位。
8. 夭折	(动)	yāozhé	人或动物未到成年就死亡。
9. 望眼欲穿		wàngyǎn-yùchuān	形容殷切盼望的样子。
10. 喜笑颜开		xǐxiào-yánkāi	心里高兴,满脸笑容。
11. 襁褓	(名)	qiǎngbǎo	包裹婴儿的小被子和带子。(襁是被子,褓是带子)
12. 呵护	(动)	hēhù	书面语,精心照顾、保护子女、病人或幼小的生物。
13. 鹦鹉	(名)	yīngwǔ	鸟,羽毛美丽,嘴大,经过训练可以模仿人说话的声音。也叫鹦哥。parrot
14. 义无反顾		yìwúfǎngù	按照道义只能努力去完成任务。
15. 泥鳅	(名)	níqiū	鱼,生活在水田、池沼,身体圆柱

第九课　男女有别

				形。loach
16.	豁免权		huòmiǎnquán	可以不受法律、规定限制的特权：外交~。
17.	乖巧	（形）	guāiqiǎo	说话、做事合人心意，讨人喜欢。
18.	随心所欲		suíxīnsuǒyù	凭自己的意愿，想怎么做就怎么做。
19.	马驹	（名）	mǎjū	小马。
20.	训斥	（动）	xùnchì	训诫和斥责。
21.	焦躁	（形）	jiāozào	着急而烦躁。
22.	洒脱	（形）	sǎtuō	言谈举止自然、不受拘束的风度。
23.	旷达	（形）	kuàngdá	书面语，人心胸开阔，不计较小事。
24.	粼粼		línlín	形容水、石明亮干净。
25.	褶皱	（名）	zhězhòu	皱纹。
26.	肋骨	（名）	lèigǔ	胸部两侧的长条形骨头，人的肋骨有12对。《圣经》说，上帝用亚当的一条肋骨造出他的妻子夏娃。
27.	面目全非		miànmù-quánfēi	变化很大，完全不是原来的样子。
28.	哺育	（动）	bǔyù	喂养婴儿。也比喻培养儿童、青少年。
29.	航空母舰		hángkōng mǔjiàn	现代大型作战舰只，有巨大的机库和飞行甲板，供各种作战飞机起飞、降落、停放。
30.	领域	（名）	lǐngyù	工作、生活、研究等的范围。
31.	宣泄	（动）	xuānxiè	发泄（心中的苦闷或不满）。
32.	巢穴	（名）	cháoxué	鸟兽藏身的地方，本文用来形容家庭。
33.	归宿	（名）	guīsù	最终应该去的地方。
34.	老翁	（名）	lǎowēng	书面语，老年男性。
35.	老妪	（名）	lǎoyù	书面语，老年女性。

141

高级汉语口语(提高篇)

● 注 释

1. 红男绿女　　　　形容穿各种漂亮衣服的青年男女。本文用这个成语有幽默意味。

2. 贵人语迟　　　　俗语,尊贵的人不轻易开口说话。本文用这个俗语有幽默意味。

3. 女大十八变　　　女孩于发育时容貌变化很大,多用来夸奖姑娘越长越漂亮。

4. 玫瑰梦　　　　　向往爱情、幸福的梦想。

5. 夸父追日　　　　也作"夸父逐日"。中国古代神话,巨人夸父和太阳竞走,最后渴死。常用来形容人们征服自然的决心或无所畏惧的气概。

● 练 习

一　请用正确的语气和语调朗读下列句子:

1. 先让我们来假设一下儿按钮的颜色,应该红色为男,绿色为女,因为中国素有红男绿女之说。

2. 科学研究证明:女性的XX染色体除了表示性别以外,还携带许多抗病的基因。君不见流产夭折的孩子中大部分是男婴吗?

3. 当他们无意间损害了别人的财产或伤害了自己的身体时,大人们多半会宽容地一笑:男孩子嘛,就是这样!

4. 少女的头发像缎子一样黑亮,少女的眼睛像秋水一样波光粼粼,少女的皮肤细腻光滑无一丝皱褶,少女的心绪由一串串的玫瑰梦编织而成……

5. 哺育的担子太重,社会又对女人提出了太多的要求:既是贤妻良母,又是事业强人;既是孝敬公婆的儿媳,又是社交场合的夫人……

6. 男人的自由多,男人的领域大;男人可以抽烟酗酒,可以大声骂人,可以随意宣泄自己的感情。

7. 男人,你先走一步好了。既然世上万物都要分出个顺序,既然谁留到最后

第九课　男女有别

谁更需要勇敢,我就陪你到最后。

8. 一个孤单的老翁是不是比一个孤单的老妪更为难?这是生命的分工,男人你不必谦让。

 请说出下列各句中画线部分的含义:

1. 因为科学研究证明:女性的 XX 染色体除了表示性别以外,还携带许多<u>抗病的基因</u>。君不见流产夭折的孩子中大部分是男婴吗?

2. 虽然中国有句古话叫:"<u>贵人语迟</u>",但我还是愿意早一些学会向他人表达我的看法。

3. 男孩子在童年的游戏中享有天然的<u>豁免权</u>。

4. 女孩子则要扮演<u>文静乖巧</u>听话的角色,失去了太多的自由自在和随心所欲。

5. 无论女人多么美丽,她们一生中最重要的一件事是寻找那个<u>缺少了肋骨的男人</u>,在寻找的过程中,演出了无尽的悲欢离合。

6. 既是<u>贤妻良母</u>,又是<u>事业强人</u>;既是孝敬公婆的儿媳,又是社交场合的夫人。

7. 孩子们都长大飞走了,只留下一个<u>空洞的巢穴</u>。

8. 我们由于多年生活在一起变得越来越像。我们不可避免地走向<u>最后的归宿</u>。

根据课文的内容,用指定词语回答下列问题:

1. 作为胎儿,女性有什么优势?

　　证明　染色体　挟带　基因　夭折　男婴

2. 婴儿时,"我"愿意选择男还是女?

　　襁褓　无所谓　脱离　自然界　呵护　微笑

3. 童年时,男孩儿有什么特权?

　　爬高跳低　野马　一身泥　七零八碎　泥鳅

143

4. 青春期,男性、女性都会发生哪些变化?

> 仿佛　男子汉　强健　洒脱　赋予　幽默
> 季节　头发　眼睛　皮肤　心绪　玫瑰梦

5. 结婚后,男性、女性分别扮演怎样的角色?

> 夸父　事业　家庭　航空母舰　既定目标　领域　宣泄
> 孕育　面目全非　哺育　贤妻良母　事业强人　孝敬　社交

6. 为什么在生命的最后一轮,"我"选择了女性?

> 顺序　勇敢　孤单　为难　谦让

四　语言实践:

1. 就你个人而言,喜欢做男性还是女性,为什么?
2. 在人生的不同阶段你和文中作者的选择一样吗?请说明理由。

● 词汇学习

一　请在句中填入适当的词语:

男女有别　望眼欲穿　喜笑颜开　义无反顾　随心所欲
面目全非　贤妻良母　毫不犹豫　悲欢离合　七零八碎

1. 为了科学研究,他(　　　　)地在人体捐献的名单上写上了自己的名字。
2. 听到孩子在比赛中获得第一名的消息,父母(　　　　)。
3. 儿子结婚都五年了,可小两口就是不要孩子,让想抱孙子的爷爷奶奶(　　　　)。
4. 成家以后,他觉得失去了很多自由,不能再像以前一样(　　　　)了。
5. 我赶到车祸现场一看,平日漂漂亮亮的汽车,已经被他撞得(　　　　)。
6. 又要工作又要照顾家庭,现代女性想当(　　　　)也难。
7. 他说如果我能帮忙就给我一些好处,我(　　　　)地拒绝了。
8. 我们家的钟表被儿子拆得(　　　　)的,没办法用了。
9. 月有阴晴圆缺,人有(　　　　),自古以来就是如此。

第九课 男女有别

10. 这是重体力劳动,女孩子难以承受,毕竟(　　　)嘛!

二 从所给的词语中选择一个,完成句子:

1. 离开了父母的(呵护/保护/维护),第一次踏上社会独自生活,心里不禁发慌。
2. 他的孩子五岁的时候得了一场重病,不幸(夭折/死亡/逝世)了。
3. 你的脾气太(焦躁/急躁/浮躁),应该加强自身修养,改一改。
4. 凡事看开一些,(潇洒/洒脱/开朗)一点儿,千万别钻牛角尖儿。
5. 他冲着经理大声吼叫,(宣泄/发泄/排泄)着自己的不满。

三 下面这些词语在意义和构成上有什么相同点与不同点?

男性—女性　爬高—跳低　夸奖—责骂　悲—欢　离—合　利—弊

请在课后借助词典找出五对反义词作为例子加以说明。

语言要点与操练

● 怎么说

叙述(三):假设与想像

可以用以下词语和名式来表示假设和想像:

1. 如果……就……/要是……就……
   假如……将……/假使……那么……
   倘若……便……/要……那……
   如……则……
   (如果;要是)……的话,……

2. ……就……/……就好了……
   ……,如果(要是;假如)……

……,(如果;要是)……的话。

3. 除非……;……,除非……

……,不然(要不/要不然/否则)

要不是……(的话)

万一……/但愿……

4. 让我们来假设(想像/设想)一下儿,……

让我们展开想像的翅膀,……

发挥想像力……

不难想像……

练习:请在"交流与讨论"中使用以上四组表示假设和想像的词语和句式来发表自己的观点。

● 句式和表达

1. 素有……

例句:中国素有红男绿女之说。

表达:

(1) 从孔夫子时就有"子不教父之过"的说法。

(2) 长江中下游平原自古以来就有"江南鱼米乡"的美名。

(3) 在看手相、合影照相等场合,习惯上有"男左女右"的说法。

(4) 我们国家素有……的风俗习惯。

(5) 我们学校素有……的光荣传统。

2. 当……时/当……的时候

例句:当他们无意间损害了别人的财产或伤害了自己的身体时,大人们多半

第九课 男女有别

会宽容地一笑:男孩子嘛,就是这样!

表达:

(1) 我是一个孩子;爷爷告诉我;要努力做好自己的工作;要帮助别人。

(2) 他在读大学;他开始自己办公司;经过十几年的努力;终于成为著名的企业家。

(3) 当我们遇到意外情况时,……

(4) ……只有团结起来、齐心协力,才能渡过难关。

(5) ……一定要认真思考,找出解决问题的关键。

3. 君不见……

例句:因为科学研究证明:女性的XX染色体除了表示性别以外,还携带许多抗病的基因。君不见流产夭折的孩子中大部分是男婴吗?

表达:

(1) 有志者事竟成;历史上有名的人物都是从小就胸有大志。

(2) 天网恢恢,疏而不漏;所有干坏事的人最后一个个都得到了应得的惩罚。

(3) 吸烟损害健康,……

(4) 行百里者半九十,……

(5) 一分耕耘一分收获,……

4. 尽管……,(但)还是……

例句:尽管社会在不断进步,但一般的人还是喜欢男孩。

表达:

(1) 朋友们都劝他不要和这样的人来往;他忍不住又去找她了。

(2) 下雪以后气温很低;刮大风;许多人到外边观赏雪景;滑冰、滑雪、堆雪人。

(3) 尽管我不同意你的观点,……

(4) 尽管你是我的老师,……

(5) ……,我们还是应该实事求是。

5. 排比句式的表达功能：排比是汉语的一种常用修辞手法，用一连串内容相关、结构类似的词组或分句来表示强调和一层层的深入。以下就是本课出现的两种排比形式：

5.1 词组排比

例句：• 他们恶劣的成绩常要遭受老师的训斥、家长的责骂以及邻居们各色的眼光……

• 爬高跳低，像野马一样到处疯跑，衣服上滚得一身泥，把玩具拆得七零八碎，在水里泥鳅一样游来钻去……这些都是属于男孩子的特权。

表达：

(1) 要报效祖国；远大的理想；满腔的热情；持之以恒的毅力，无私奉献的精神。

(2) 新年钟声敲响了。五光十色的广场；欢呼雀跃的人群；震耳欲聋的欢呼；满天飞舞的彩带；五颜六色的焰火。

(3) 刚到北京的时候，面对……、……、……，我真的有些不习惯。

(4) 要获得成功，你必须具有……、……、……。

(5) 春天到了，……、……、……，让人觉得无比舒畅。

5.2 分句排比

例句：• 少女的头发像缎子一样黑亮，少女的眼睛像秋水一样波光粼粼，少女的皮肤细腻光滑无一丝皱褶，少女的心绪由一串串的玫瑰梦编织而成……

• 既是贤妻良母，又是事业强人；既是孝敬公婆的儿媳，又是社交场合的夫人……

• 男人的自由多，男人的领域大；男人可以抽烟酗酒，可以大声骂人，可以随意宣泄自己的感情。

表达：

(1) 我热爱我的家乡；家乡的景色十分秀丽；家乡的物产非常丰富；家乡的人民无比勤劳。

第九课　男女有别

(2) 人类社会正在飞速地向前发展；教育水平日趋提高；科学技术日新月异；生活方式显著变化。

(3) 现代社会中，男性承受着更加沉重的心理压力。他们既……又……；既……又……。

(4) 相对而言，女性更能享受生活的快乐。女性……，……；女性可以……，可以……

(5) 北京是个繁忙的都市；白天……；夜晚……

6. 既然……就(也/还)……

例句：既然世上万物都要分出个顺序，既然谁留到最后谁更需要勇敢，我就陪你到最后。

表达：

(1) 你说同意我们的看法；你就应该在我们的倡议书上签名。
(2) 我已经尽力了；没有什么可以后悔的。
(3) ……，你为什么还不戒烟？
(4) 既然生病了，……
(5) "既来之，则安之"的意思是……

交流和讨论

● **热身练习：请思考**

1. 男性和女性的生理特点。
2. 男性和女性的心理特点。
3. 男性和女性的传统社会角色。
4. "男人来自火星，女人来自金星，所以，永远无法真正互相理解"，你同意这种观点吗？

高级汉语口语(提高篇)

● 课堂讨论

男女差别到底有多大?男女可以平等吗?两性应该怎样平等地相处与合作?

请在课后分组讨论,然后由一位同学代表本组同学阐述观点。

1 我心目中理想的男性与女性

理想的男性:有责任感;有事业心;宽容大度;办事稳健;乐于助人;相貌英俊;身体强壮;有幽默感;不怕困难;沉着冷静……

讨厌的男性:不负责任;懒惰;玩世不恭;小家子气;小心眼;脾气暴躁……

理想的女性:温柔;大方;漂亮;苗条;性感;微笑;知书达理;善解人意;干净;勤快;聪明;开朗;活泼;心灵手巧……

讨厌的女性:婆婆妈妈,啰啰唆唆;凡事都要争个高低;咄咄逼人;邋遢;不整洁;脾气坏;板着脸……

2 男女主要的差别是在哪些方面?

生理方面:身高;体重;体力;力量;耐力;身体结构;体型……

心理方面:自信;勇敢;冷静;耐心;细心;关心;体贴;理解……

社会角色:生儿育女;家务劳动;业务骨干;领导人;男主外,女主内……

3 男女各自的优势和不足。这些不足的原因是先天造成的还是由社会人为造成的?

健康:女性比男性长寿;各种慢性病,女性患病率较低

工作能力:大多数领导职务由男性担任;大多数行业的业务骨干是男性

人际交往:男性自我意识较强,处理问题较理性化;女性善于理解他人,处问题较感情化

感情:女性较为细腻,较为外向

看问题的角度:大处着眼,有全局观;小处着眼,注意细节

第九课 男女有别

副课文

（一）男女有别

男性在年轻时会交很多朋友，但女性过了中年以后才会有更多的朋友。女人喜欢隐藏她们最深的感情，而男性喜欢让对方知道。如果你问一个男人，这个面包是哪里买来的？他会告诉你，而拿这个问题问一个女人，她通常会反问"有什么问题吗？"女人到家门口才掏出开门的钥匙，而男人早就掏了出来；女人划火柴时，总是把火柴划出，而男人总是划入，也许是女人怕烧到自己。

成功的男人背后一定有个伟大的女人；伟大的女人背后一定有位不成功的男人。男人为如何生存而思考；女人为怎样漂亮而化妆。男人苦闷请一帮男人喝酒；女人心烦找一个女人聊天。

女人往往情感胜过理智，男人往往理智胜过情感。男人为恋爱付出代价，女人为婚姻付出代价。婚前男人说：我读不懂女人；婚后女人说：我读不懂男人。男人在女人做饭时偷偷上网；女人在上网时命令男人去做饭。男人恋爱时最常说的话是："我爱你，真的。"女人结婚后最常问的话是："你还爱我吗？说真话！"

女人在路上左瞅右瞧，叫做明眸善睐。男人在街上东张西望，被称为心怀不轨。

甲："女人可真占尽了便宜，瘦的人家称赞她是'苗条'，胖的是'丰满'，高的是'修长'，矮的是'小巧玲珑'。"

乙："可不是吗？简直无一不是美。男子呢？"

甲："男人瘦的是'排骨'，胖的是'肥猪'，高的是'竹竿'，矮的是'老鼠'。"

（二）男人和女人谁是赢家

一般来说，男人比女人少活7年，但是女人活得并不痛快。女人一生比男人更多地受到慢性病的折磨。

如果你相信"赖活不如好死"，那么男人是赢家。在美国，每10个死于工伤的人中有9个是男人。每7个死于交通事故的人中有5个是男人。每5个被谋杀的人当中有4个是男人。每5个自杀而死的人当中，至少有4个是男人。

高级汉语口语(提高篇)

如果你认为"好死不如赖活",那么女人是赢家。在美国,女人看医生的次数是男人的2到4倍,女人住院的次数比男人多。女人吃的药也比男人多。一生中,女人因病卧床的时间比男人多出三分之一。女人更容易患自身免疫疾病,更容易中风,更容易得抑郁症,但是女人活得更长久。

请你说一说

男性和女性都有什么特点?彼此之间会产生怎样的影响?请在阅读下面的文章后,为全班同学说一个你知道的类似实验;也可以自己设计一个这样的实验,并向同学们报告实验结果。

(1) 异性效应

心理学家曾做过这样的实验和研究:同样一篇考试论文印成数份,分为两组,一组均在答卷上贴上漂亮女考生的照片,一组则不贴照片。然后把这两组(有照片和无照片的)分发给一些教授评分(一个人只能评一份),结果贴了漂亮女考生的照片的答卷分数,普遍高于没有贴照片的分数。这就是"异性效应"。这种效应同样会影响到人们对一个人的工作的评价。

(2) 男女谁更爱美

一家德国报纸组织了一次测验,在一间商店里装了一面长镜,然后观察经过长镜的男女,看他们有着怎样的反应,在8小时的观察中,共有1620个女人经过这面长镜,1/3停下来短暂望她们自己,而差不多所有600个经过长镜的男人,都停下来好好望自己,大多数又往后望,看看是否被人注意。

第十课　快乐是福

主课文

什么样的人最快乐？

主 持 人：人人都追求幸福，可幸福的真谛究竟是什么？有些心理学家认为它是快乐。果真如此，那么决定快乐的因素是什么？什么样的人才快乐？带着这些问题，我们的记者采访了有关专家，下面听听专家是怎么说的。

记　　者：现代社会中，有的人常常面带微笑，而有的人却难得一笑，是否有人生来就快乐或不快乐呢？

专　　家：在过去的数十年中，研究人员一直致力于探究人们的快乐观，希望最终找到快乐与不快乐的原因所在。研究表明人类的基因在人的性格倾向方面起50%的作用，余下的取决于其他方面。有位心理学家发现，我们快乐、安宁的情绪一半受当时生活中正在发生的事情的影响，另一半由快乐的"设定点"决定。而这个快乐设定点90%来自于遗传因素。这位心理学家还认为基因变异在快乐度差异中有44%到

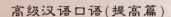

55%的影响；收入、物质财产、宗教、教育所产生的影响最多占3%。

有一些研究证实，性格外向的人比大多数人快乐，并且比性格内向的人要快乐得多。研究还发现，把人们置身于和睦、祥和的宽松氛围中可以使他们更加合群、友善和好交际。还有人发现，人们在观看喜剧片以后比观看悲剧片更健谈，更容易与人沟通和交流。

记　者：有一种说法，金钱是万能的，那么金钱可以买到快乐吗？

专　家：金钱确实可以买到一定程度的快乐。但人们一旦能够支付得起自己的衣、食、住、行后，每一个多余的铜板对快乐与否的影响微乎其微。

就一般的观察来看，富有的人相对更快乐一些。但就金钱与快乐之间的关系而言，却非常复杂。比如说，半个世纪以来，工业化国家中平均收入水平激增，而人们的快乐却原地踏步。人的基本需求得到满足以后，只是在你比你的朋友、邻居和同事拥有更多金钱的时候，金钱似乎才会刺激快乐的感觉。

记　者：人是充满了无数欲望的动物，那么到底有多少欲望得到满足，人们才会感觉更快乐呢？

专　家：上世纪80年代，有一位教授做了一个实验，他在39个国家里要求18000名大学生用数字数据为他们的快乐感觉排序，然后要求学生们回答如何达到他们所追求的目标。结果发现，那些对朋友、家庭、工作、健康、成就充满渴望的人，远比那些只渴望金钱的人快乐得多，收入形成的绝对差距被即刻弥平了。这种愿望也许可以解释为什么有那么多人收入增加以后却没有获得更多的快乐。

第十课　快乐是福

记　　者：一般来说,智商高的人也就是聪明的人,往往成功的愿望也比较迫切,那么是否可以做这样的推断,聪明人比一般人更快乐?

专　　家：关于这个问题,根据为数不多的几个调查和实验,没有发现智慧与聪明可以使人更快乐。这个结果让人很诧异,因为智能水平高的人常常挣钱多、收入高,而财富是可以使人更加快乐的。

　　　　　据研究者推测,聪明人有着更高的期望值,因此对已取得的成就难以满意。此外,高智商对与他人友好相处并没有多少帮助,而"社会性智商"往往才是快乐的关键。

记　　者：说到社会性,好像在社会交往中,漂亮的人比较受欢迎,这样的人更快乐吗?

专　　家：对,外貌漂亮的人确实更快乐一些。有专家让人们为自己的外貌作出评价时,评论说:身体魅力对主观状态有些小小的但很积极的影响。也许可以这样解释,生活对于外貌漂亮的人更友善一些。或者还有更微妙的含义在里面。最具吸引力的脸孔高度匀称,而且有证据表明,匀称反映出优良的基因遗传和更健康的免疫系统。因此,外貌漂亮的人所以快乐是因为他们更健康的缘故。

　　　　　如果你主观认为自己相貌堂堂、优雅漂亮,那么即使你没有令人炫目的华丽的外貌,你也能获得拥有美貌所带来的高昂情绪。不过事实让人们很遗憾,研究的结果是,女性总是认为自己过于肥胖,男性则为自己的弱小而自惭形秽。

记　　者：我们上面探讨了什么样的人更快乐,那么快乐的人是否也更容易结婚呢?

专　　家：研究人员分析了来自42个国家的调查报告,结果发现婚姻人群总是比独身者快乐幸福。婚姻对快乐的影响虽然不是决定性的,但这项研究却提出了一个耐人寻味的问题:是婚姻使人更快乐,还是快乐的人更容易走进婚姻的殿堂?

　　这两个问题也许都有肯定的答案。在一项为期15年,有三万多人参与的研究中,研究者发现,快乐的人更容易结婚并保持这种婚姻关系。但任何人都可以通过结婚来改善他或她的情绪。此种欢快情绪的影响能够从"喜庆日"前一年就开始并至少再保持到其后的下一年。这时,大多数人的满意水平回落到他们的基本线上。但研究人员认为,有一个隐含的事实是,良好的婚姻状态能够对是否快乐产生永久的积极影响。更进一步说,那些原来并不快乐的人从婚姻中得到了快乐的重大提升。

记　　者：看起来,一纸婚书的签署意义确实不同凡响。

专　　家：是呀,研究表明,仅靠同居是达不到这样好的效果的。因为同居的男女缺乏深层次的安全感,无法享有正式夫妻同样的快乐,以至于往往中途分道扬镳。因为这样的安全感只能来自于正式的黄金组合。缺乏安全感,从古至今都对人类有着重大伤害。

记　　者：除了自身条件以外,那么精神因素对人是否快乐会产生影响吗?比如宗教信仰?

专　　家：在数十种对宗教信仰与快乐关系的研究中发现,多数向善的宗教都找到了其中的积极关系。一位医学院教授说:信仰死后灵魂归属可以给予人们信念与方向,可以减轻他们在人世间的孤独感。特别对于老年人更是如此。人们总能

第十课　快乐是福

在危急时刻看到这种效果。宗教信仰能够成为战胜不幸与灾祸的一种武器。

　　宗教信仰还可以带来社会的相互交流与支持。研究表明,那些给予别人以帮助和支持的人,最终他们自己也获得了解脱,而且活得更加长久。"给予的参与"构成了极大满足的源泉,远胜于其他形式的社会参与性活动,如读书会。

记　　者：说到读书会,一般是老年人参加的多,那么上了年纪的人是否就不快乐呢?

专　　家：一所大学的心理学教授在一项研究中发给184个人问卷,年龄在18到94岁之间。要求他们在一周之内每天做五次记录,每次都要填写情绪问卷的调查表。老年人报告的积极情绪和年轻人一样多,而且他们报告的消极情绪甚至大大低于平均水平。

　　为什么老年人会如此快乐?有些科学家解释为,老年人预见到生活会变得艰难并且学会战胜困难,或者他们已经超额实现了他们的目标,或者仅仅确立他们确实能够实现的目标。教授认为,随着时间的推移,老年人已经学会集中精力关注那些使他们高兴的事物,而且摒弃一切不开心的东西。

记　　者：谢谢您接受我们的采访。观众朋友,你快乐吗?你认为什么是你快乐情绪的关键?欢迎来信或来电谈谈你的感受。谢谢大家!下次节目再见!

(改编自《北京晚报》2004.6.24)

高级汉语口语(提高篇)

● 词　语

1. 真谛	（名）	zhēndì	真实的意义或道理。
2. 致力	（动）	zhìlì	把力量用在某个方面。
3. 宗教	（名）	zōngjiào	religion
4. 置身	（动）	zhìshēn	把自己放在。
5. 祥和	（形）	xiánghé	吉祥平和。
6. 微乎其微		wēihūqíwēi	形容非常少或非常小。
7. 激增		jīzēng	（数量等）急剧地增长。
8. 欲望	（名）	yùwàng	想得到某种东西或想达到某种目的的要求。
9. 数据	（名）	shùjù	进行各种统计、计算、科学研究等所依据的数值。data.
10. 弥平	（动）	mípíng	弥补，填平。
11. 迫切	（形）	pòqiè	十分急切。
12. 推断	（动）	tuīduàn	推测断定。
13. 期望值		qīwàngzhí	期望的数值。
14. 魅力	（名）	mèilì	很能吸引人的力量。
15. 含义	（名）	hányì	所包含的意义。
16. 匀称	（形）	yúnchèn	均匀，比例和谐。
17. 免疫	（动）	miǎnyì	具有抵抗力而不会患某种传染病。
18. 相貌堂堂		xiàngmào tángtáng	形容人的容貌很端正、英俊。
19. 炫目	（形）	xuànmù	（光彩）耀眼。
20. 高昂	（形）	gāo'áng	（声音、情绪等）向上高起。
21. 自惭形秽		zìcán-xínghuì	泛指自愧不如别人。
22. 耐人寻味		nàirénxúnwèi	意味深长，值得仔细体会、琢磨。
23. 殿堂	（名）	diàntáng	指宫殿庙宇等高大建筑。
24. 隐含	（动）	yǐnhán	隐藏、包含。

第十课　快乐是福

25. 提升	（动）	tíshēng	提高（职位、等级等）。
26. 签署	（动）	qiānshǔ	在重要文件上正式签字。
27. 不同凡响		bùtóng-fánxiǎng	比喻事物不平凡。
28. 分道扬镳		fēndào-yángbiāo	指分道而行。比喻因目标不同而各奔前途或各干各的事情。
29. 信仰	（名）	xìnyǎng	faith; belief; conviction
30. 灵魂	（名）	línghún	soul。迷信的人认为附在人的躯体上作为主宰的一种非物质的东西。
31. 解脱	（动）	jiětuō	摆脱苦恼，得到自在。
32. 源泉	（名）	yuánquán	泉源。source
33. 超额	（动）	chāo'é	超过定额。
34. 摒弃	（动）	bìngqì	舍弃。

● 注　释

1. 合群　　　　跟大家关系融洽，合得来。
2. 铜板　　　　原是一种分币。在此指币值低的小钱。
3. 智商　　　　智力商数（IQ）。
4. 黄金组合　　指最佳组合。

 练　习

一　请用正确的语气和语调朗读下列句子：

1. 人人都追求幸福，可幸福的真谛究竟是什么？有些心理学家认为它是快乐。果真如此，那么决定快乐的因素是什么？什么样的人才快乐？
2. 一位心理学家发现基因变异在快乐度差异中有44%到55%的影响；收入、物质财产、宗教、教育所产生的影响最多占3%。

159

3. 金钱确实可以买到一定程度的快乐。但人们一旦能够支付得起自己的衣、食、住、行后,每一个多余的铜板对快乐与否的影响微乎其微。

4. 结果发现,那些对朋友、家庭、工作、健康、成就充满渴望的人,远比那些只渴望金钱的人快乐得多。

5. 如果你主观认为自己相貌堂堂、优雅漂亮,那么即使你没有令人炫目的华丽的外貌,你也能获得拥有美貌所带来的高昂情绪。

6. 婚姻对快乐的影响虽然不是决定性的,但却提出了一个耐人寻味的问题:是婚姻使人更快乐,还是快乐的人更容易走进婚姻的殿堂。

7. 研究表明那些给予别人以帮助和支持的人,最终他们自己也获得了解脱,而且活得更加长久。

8. 随着时间的推移,老年人已经学会集中精力关注那些使他们高兴的事物,而且摒弃一切不开心的东西。

二 请说出下列各句中画线部分的含义:

1. 在过去的数十年中,研究人员一直<u>致力于</u>探究人们的快乐观,希望最终找到快乐与不快乐的原因所在。

2. 研究还发现,把人们<u>置身于</u>和睦、祥和的宽松氛围中可以使他们更加<u>合群</u>、友善和好交际。

3. 人们一旦能够支付得起自己的衣、食、住、行后,每一个多余的<u>铜板</u>对快乐与否的影响<u>微乎其微</u>。

4. 工业化国家中平均收入水平<u>激增</u>,而人们的快乐却<u>原地踏步</u>。

5. <u>高智商</u>对聪明人与他人友好相处并没有多少帮助,而人的"<u>社会性智商</u>"往往才是快乐的关键。

6. 如果你主观认为自己<u>相貌堂堂</u>、优雅漂亮,那么即使你没有<u>令人炫目</u>的华丽的外貌,你也能获得拥有美貌所带来的高昂情绪。

7. 看起来,<u>一纸婚书</u>的签署意义确实<u>不同凡响</u>。

8. "给予的参与"构成了极大满足的源泉,<u>远胜于</u>其他形式的社会参与性活动,如读书会。

第十课　快乐是福

 三　根据课文回答问题,并说明理由。

1. 快乐与不快乐是否是与生俱来的?
2. 金钱可以买到快乐吗?
3. 人们的欲望多少得到满足才感到快乐呢?
4. 漂亮的人更快乐吗?
5. 快乐的人是否更容易结婚?
6. 婚前同居者和已婚者的快乐度一样吗?
7. 宗教信仰对快乐有什么影响?
8. 年轻人比老年人更快乐吗?

四　语言实践:

1. 你是否认同上述各种关于快乐的观点?
2. 就你的观察来看,什么样的人最快乐?

● 词汇学习

 一　请在句中填入适当的词语:

微乎其微　　自惭形秽　　相貌堂堂　　不同凡响
耐人寻味　　致力　　推断　　弥平　　激增

1. 由于人们缺乏安全意识,这个地区的交通事故(　　　　)。
2. 他不但外表英俊,(　　　　),而且精明能干,在他面前我(　　　　)。
3. 这位科学家毕生(　　　　)于外太空的探索和研究,但成果(　　　　)。
4. 他的研究成果(　　　　),引起了广泛的关注。
5. 根据现场情况(　　　　),作案时间可能是在夜里两点到三点之间。
6. 虽然经过心理治疗,但却仍然难以(　　　　)战争造成的心灵创伤。
7. 这件事给我们很多启发,(　　　　)。

高级汉语口语(提高篇)

二 从所给的词语中选择一个,完成句子:

1. 节日的北京,充满了欢乐(祥和/温和/柔和)的气氛。
2. 市政府的十项便民措施实施后,市民们的生活质量得到了很大(提升/提高/提携/提起)。
3. 本着互惠互利的原则,两国政府(签署/签名/签字)了双边贸易协定。
4. 我觉得离婚未必是坏事,对当事者双方都是一种(解脱/解除/解放)。
5. 我们应该对传统戏剧进行适当的改造,(摒弃/放弃/舍弃/抛弃)一些糟粕,保留其精华。

三 以下这些词语在意义和构成上有什么特点,请试着进行分析,然后在课后借助词典找出五对类似的词语。

胖-肥胖　弱-弱小　富-富有　钱-金钱　付-支付　有-拥有　给-给予

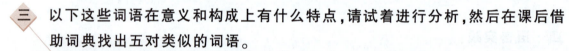

语言要点与操练

● 怎么说

发表见解(三)

发表见解时,以下几种句式能用来开始阐述、指明范围或追加说明:

1. 我是这么看(/想)的,……
   哎,我说……/要我说呀……
   依我看……/如果是我的话,……
   这么说来……/这么说(/看)起来……
   你想想……/你想想看……

2. 从……方面来说(来看),……
   就……而言(来说/来看),……
   总体而言……/总的来看(来说)……

第十课　快乐是福

从……角度说,……
长远来看……

3. ……,再说,……
　……,再则,……　　……,况且,……
　……,(更)何况,……

语气(三):表情语气

说话时,我们可以就自己所表达的内容表示某种情感。以下,我们着重介绍夸张、疑惑、辩解、不满这四种情况。

1. ……呢!／……着呢!
　可……／可……啦!／可……呢!
　才……呢!／还……呢!
　不过……罢了／只是……而已／……就是了(注:往小处夸张)

2. 是吗?……／真的?……／会有这种事?……／不会吧?……
　哎呀!……／坏了!……／糟糕!……／糟了!……
　咦?……／嗬!……／嗯?……
　我的天!……／妈呀!……／我的妈呀!……

3. 哪里!哪里!／哪儿啊!／哪儿的话!／你说到哪儿去了!
　并没有……吧!／并不……啊!
　不至于!……／没那么严重!……／未必吧!……
　谁说(不)……,就是……／哪里会(不)……,只是……

4. 你呀!／真是的!／……就好了!
　算了吧!／就这个呀!／就这么点儿啊!／得!得!得!／得了!得了!
　废话!／多新鲜!／你真聪明!

高级汉语口语(提高篇)

别说了！/去！去！去！

太过分了！/真不像话！/怎么搞的！/没这么做的！

练习：请在后面的"交流与讨论"中有意识地使用上述四种语气来进行表达，每种句式或词汇至少使用两个。

● 句式和表达

1. 谈到/说到

例句：说到社会性，好像在社会交往中，漂亮的人比较受欢迎，这样的人更快乐吗？

表达：

(1) 学习本身是比较简单的；要把学习知识和实践有机地结合起来，就不那么容易了。

(2) 北京人，来源比较复杂。因为北京历史上是一个移民城市，人口构成变化很大。

(3) 一个人做一件好事并不难；难的是一辈子做好事。

(4) 学会开车不难，一个星期就能解决问题……

(5) 会说几句外语、能上街买买东西没什么了不起，……

2. 随着……的+动词，……

例句：随着时间的推移，老年人已经学会集中精力关注那些使他们高兴的事物，而且摒弃一切不开心的东西。

表达：

(1) 社会在不断地发展；生活环境在不断地变化；人们的思想观念也跟以前不同了。

(2) 科学技术不断发展；体力劳动的价值下降，脑力劳动的价值不断提高；男性能做到的女性也能做到，女性在社会生活中发挥着越来越重要的作用。

第十课　快乐是福

(3) 随着孩子的一天天长大，……
(4) 随着开学时间的临近，……
(5) "女大十八变，越变越好看"的意思是……

3. 就……来看/而言，……

例句：就一般的观察来看，富有的人相对更快乐一些。但就金钱与快乐的之间的关系而言，却非常复杂。

表达：
(1) 语言表达方面，女性优于男性；在数学能力方面，男性优于女性。
(2) 今天是他们结婚十周年的纪念日，比较特殊。一般人却认为这只是普通的一天。
(3) 经济发展和保护环境哪一个更重要？……
(4) 就老百姓而言，最重视的是……
(5) "对牛弹琴"就是……

4. 取决于……

例句：研究表明人类的基因在人的性格倾向方面起50%的作用，余下的取决于其他方面。

表达：
(1) 对一个公司的经营来说，最重要的是要有一批好的管理人员和一套合理的体制。
(2) 要获得好成绩，最重要的是选择适合于自己的学习方法。
(3) 这场比赛最终的结果取决于……
(4) ……取决于领导者的正确的判断和迅速的反应。
(5) "天时不如地利，地利不如人和"的意思是说……

5. 据/根据(……)动词，……

例句：据研究者推测，倒不是聪明人没有取得成功，没有获得相应的财富，问题在于他们对此有着更高的期望值……

高级汉语口语(提高篇)

表达：

(1) 经过调查,发现有80%以上的北京市民早餐、午餐都吃得很随便。

(2) 我听别人说,报上的一些股评分析家也说,最近股票的价格将会下跌。

(3) 据报道,……

(4) 据统计,……

(5) 据权威人士证实,……

6. 以至于……

例句：因为同居的男女缺乏深层次的安全感,无法享有正式夫妻同样的快乐,以至于往往中途分道扬镳。

表达：

(1) 现代社会中,知识更新的速度大大加快了;有些人因为不注意学习、掌握新知识,成为了"新文盲"。

(2) 他学习非常刻苦;每课课文都要抄写好几遍;几乎每一课他都能闭着眼睛背出来。

(3) 这件事来得太突然了,一点儿心理准备也没有,……

(4) ……,以至于从前人们神话中的一些幻想已经变成了现实。

(5) 比赛是如此的紧张、激烈,……

交流和讨论

● **热身练习：请思考**

1. 你认为幸福的真谛是什么?
2. 你什么时候感觉最快乐?什么时候最不快乐?
3. 你认为乞丐一定比百万富翁不快乐吗?
4. 你怎么理解人的欲望是无止境的?
5. 你认为怎样才能拥有一个快乐的人生?

第十课　快乐是福

◉ 课堂讨论

请根据自己的理解和经历,在讨论的基础上发表自己的见解。

1 我的幸福观:
漂亮;健康;相爱;家庭和睦;孩子;丈夫(妻子);工作;事业;成功;生活;满足;衣食无忧;欲望;朋友;友谊;金钱;房子

2 当我快乐/不快乐的时候:
考试;彩票;中奖;成功-失败;酒足饭饱;缺吃少穿;温暖关爱;冷漠;孤独;技不如人;名落孙山;失望;患病;恶化
看日出;购物;喝酒

3 人的欲望:
渴望;进取;知足;金钱;物欲;占有;权力;交换;贪污受贿;欲壑难填;违法犯罪;攫取;贪婪;贪得无厌

副课文

(一)现代社会应该提倡知足常乐(正方辩论稿)

谢谢主席,大家好!

很高兴今天能和对方辩友讨论现代社会是否提倡知足常乐这个问题,对此,我方的观点是:现代社会应提倡知足常乐。

知足,就是指对已经获得的生活或者愿望感到肯定和满足,而知足常乐,就是指,积极肯定目前自身的状态,对自己目前的工作和家庭生活有一客观的认识并能始终保持精神上的愉快和情绪上的安定。老子曾经说过:"祸莫大于不知足,咎莫大于欲得。故知足之足,常足矣。"在现代社会中,我们尤其应当提倡这一点。

发展,是当今世界的主流。求发展的人,不能对工作和生活没有一点追求和期望,但这并没有否认知足常乐的态度。"知足"在某种程度上是衡量一个人在对待客观事物和精神追求上的认识水平,而"常乐"更是一种自信、愉悦的精神

状态。

第一,知足的人才能揣着平和的心,才能常乐。人的欲望是无止境的,古人说:"天下熙熙,皆为利来;天下攘攘,皆为利往。"人不能病态地沉溺于欲望的满足,而知足则是一种心理的健康,一种精神上的节制和坦荡。人如果只为满足欲望而活着,那么永远也满足不了。因为满足了一种欲望,同时就有十种欲望受到压制,又有百种欲望随之产生,它们不可能一一得到满足,定会使人常不乐或者乐不常。

而且,在这个物欲横流的现代社会,人们盲目攀比,贪得无厌,最终造成理智的决堤和人性的泯灭。只有窥破利欲、知足常乐,才能真正走出物欲的枷锁,体验到满足的快乐。

第二,知足的社会才是稳定的社会,而社会稳定恰恰是社会发展的前提。因而,知足常乐,并不会阻碍社会的发展,反而会更好的促进社会的进步,科技的发展和文化的传承。因而,在现代社会中,只有提倡知足,才能求得发展。

第三,人的欲求是无限的。世界上的资源够全世界享用,但不够一个人贪。满足人适当的欲求是必要的,但是人必须学会知足常乐。不知足,只会走向无止境的挥霍,导致资源的浪费。即使带来了一时的乐趣,也必然导致乐极生悲。

综上所述,知足常乐是一种精神境界。它平衡现代社会中人们不平和的心态,稳定人的心理,从而保持整个社会和自然界的稳定和平衡。因此,我再次阐述我方观点:"现代社会应该提倡知足常乐。"

(二)心理测验——知足常乐

一件小配饰,往往有画龙点睛的效果,还能让美女(帅哥)增添几分懂装扮的聪明美。以下有四种配饰,请你选一下你(或他)最常使用的是哪一种吧!

A 戒指   B 项链或脚链   C 耳环   D 手镯

A 你总是太在意亲朋好友的说法,明明骨子里就是个不想争名夺利的人,但是当乎的人,或者世俗的标准,将诸多期望加在他(她)身上,即使这类人在心灵角落中很容易满足,却又情不自禁跟随他人的期望,陷入追求名利的轮回之中,为满足别人而活着的这类人,真是太辛苦了。

第十课 快乐是福

　　B 你知足常乐的比率很高，虽然有时也免不了一般人的习惯——艳羡他人的成就，但内心发育健全的你，在头昏眼花的迷惑后，还是会调适回自我的轨道，重掌自我的方向盘，去爱所选择的生活方式，因为这类人有自己的舞步，你不想也不愿跟着别人的节拍起舞。

　　C 你的世界离满足总是有段距离。当别人觉得你已经很幸运，是百分百的天之骄子或骄女，好运都跟着你跑，但放下白日的光鲜亮丽，午夜梦回时的你，却还是觉得不够，因为争强好胜的你，就是要得到众人的妒忌眼光才肯罢休，看着别人拥有你没有的，你就会一边忙着欣羡，一边怨烦着阿拉丁的神灯，不能让你多许下几个愿望。

　　D 你的优越感和企图心都是一等一的强旺，最在乎名利能不能双收。但他（她）常会犯了将目标订得太高的毛病，又死撑着不想开口请教前辈，虽然辛苦打拼朝向目标前进，却没顾虑到自我是否已具备时运和实力，一旦努力得不到预期的成果，就很容易会怨天尤人，觉得没得到命运之神的眷顾。建议这类人先认清自己有几两重，学会珍惜奋斗中所学习到的各种经验，这样即使最后没达成目标，还是能够自得其乐哟。

请你说一说

正方：现代社会应该提倡知足常乐。

反方：现代社会不应该提倡知足常乐。

第十一课　事与愿违

主课文

增强体质　预防慢性病

　　主持人：各位听众，你们好！我们今天讨论的题目是"增强体质 预防慢性病"。据多种调查资料显示，近年来，在我国一些较富裕的地区，各种慢性病和心理、精神方面的疾病的发病率有逐渐增多的苗头，有的人甚至悲观地认为：人们的体质从总体来看呈下降趋势。收入增加了，生活水平提高了，可人们的健康状况为什么不但没有变好，反而还不如以前了呢？今天，我们荣幸地请到了四位有关专家，下面就请他们围绕怎样增强体质这个话题发表自己的见解。

　　医学专家：既然谈的是增强体质，让我们首先来看一看体质到底指的是什么，有什么样的内涵和外延。从生理学的角度来看，体质是指人的健康水平和对外界的适应能力，大体上包括六方面内容：一、先天遗传及后天生长发育的情况；二、身体各部分器官的功能，如呼吸系统、循环系统、神经系统的功能；三、身体素质，如耐力、平衡、灵敏等方面的情况；四、生理调节能力，主要指对自然环境的适应能力；

第十一课　事与愿违

五、免疫能力,人体自身维持健康的能力;六、心理调节能力,人对社会环境的适应能力。由于后三项很难量化,一般的体质测定标准只涉及前三项内容。不过,如果后三项出了问题,它总会以某种疾病的方式表现出来。

我个人认为,就总体情况而言,认为我国人民的体质状况呈下降趋势是言过其实了。当然,这需要数据来说话,而数据会因为调查范围、调查方法的不同而有差异,不像有些问题,丁是丁,卯是卯,一清二楚,毫不含糊。仔细分析起来,慢性病等疾病的发病率有所增高固然是事实,但不容否认的是,诸如营养不良等由于生活水平低而引起的疾病已经很少见了。再说,由于平均寿命的延长,我国已经开始步入老龄社会,老年人在总人口中所占比例的增加,无疑会提高慢性病的发病率。这么说并不意味着我们可以对新出现的问题视而不见,在一些事关健康的问题上,如饮食、体育锻炼、心理调整等,许多人的确还缺少自我保护意识及科学的态度。具体情况请他们三位来谈一谈。

营养学家:我认为,近十年来我国城市居民高血压、冠心病、糖尿病、肥胖症等慢性病的患病率直线上升,很大程度上是"吃"出来的。具体地说,他们中的大部分人有三方面的问题很突出。第一,是大多数人以猪肉为单一肉食。我们知道,猪肉中的脂肪、胆固醇含量是肉类中最高的,过量食用不利于健康。应该提高鱼肉、鸡肉、牛羊肉在肉食中的比例。第二,是盐和味精的摄入量过大。据有关方面的调查,我国的人均摄入量远远高于世界卫生组织规定的安全标准。人们应该改变口味浓重的习惯,吃得尽量清淡一些。第三,是粮食,特别是粗粮在食物中所占的比例越来越低。如今,人们主食吃得越来越少,粗粮、杂粮更是成为了餐桌上的点缀,造成了营养的不均衡。据我们近期所做的调查显示,人们各种维生素和部分矿物质的摄取量和十年前相比有不同程度的下降,造成了新的"营养不良"现象,这无疑是一个危

高级汉语口语(提高篇)

险的信号。究其原因,除了以上提到的原因以外,与西方烹调方式比,中国的煎、炒、炸、长时间蒸煮的方式更容易破坏微量营养素,特别是维生素。此外,人们大量喝浓茶、饮酒和吸烟,甚至饮用咖啡,也会干扰和破坏微量元素的吸收。其他还有由于担心食品污染,过分洗涤食物,导致微量营养素的丢失和破坏。因此,虽然人们吃得越来越好,但吃得好并不等于吃得科学、吃得合理。有必要通过各种途径对群众进行正确的引导,使之养成科学的饮食习惯。不过,在我们询问受调查者"从有利于自己的健康考虑,是否愿意改变饮食方式"这一问题时,约有93%的人认为,道理归道理,习惯归习惯,改变的可能性不大。可见,摆在我们面前的任务是很艰巨的。

运动学家:我做过一个调查,40到50岁的中年人患各种慢性病的比例高达20%。对调查结果进行仔细分析后,我发现,患慢性病的人有一个共同点,就是基本上不参加任何体育活动。这里有客观原因,这个年龄段的中年人大多数是各单位的业务骨干,而且,上有老下有小,社会、家庭的负担都很重,既缺少空余时间也没有多余精力,他们每周坚持体育锻炼的比例是各年龄段中最低的。大家知道,每天保持一定量的体育运动是一种良好的生活方式,不但可以使人保持良好的身体、充沛的精力,而且可以延缓衰老的到来,可惜很多人出于这样那样的原因,还做不到这一点。此外随着私家车的普及,电影、电视屏幕的日益丰富,人们以车代步的时候越来越多,在电视机前停留的时间越来越长,而参加运动的时间却越来越少,这也是造成慢性病增加,体质减弱的一个重要原因。

心理学专家:当代人说得最多的一句话就是:"压力太大。"这是个全球性的问题。美国一项调查发现,每年因为员工心理压抑给美国公司造成的经济损失高达3050亿美元,是500家大公司税后利润的5倍。法国卫生部的数字表明,法国年轻人的死亡原因中,增长速度最

172

第十一课　事与愿违

快的不是艾滋病,不是吸毒,也不是车祸,而是心理压力导致的自杀。人生活在社会中,感受到生活压力本来是正常现象,而且适度的压力可以催人奋进,对健康是有益无害的。但物极必反,压力如果超过一个人的心理承受能力,就会严重损害身心健康。

我国近期的一个统计资料表明,人们的生活压力与以往相比大大增加了。从客观上看,竞争的激烈、下岗的威胁、家庭的不稳定、冲突的增加、信息爆炸和知识更新速度的加快都会造成心理压力。从主观上看,随着市场经济的发展,人们的道德观念、价值观念都发生了巨大的变化,对自我、对生活的期望值更是越来越高,如果不能很好地调整自己的心理状态,很容易产生焦虑情绪。近期新出现的"职业倦怠"现象就是这种情绪的一种体现。显然,如何面对生活压力,调整好心态,缓解紧张情绪,是我们保持健康、增强体质的一个重要方面。

主持人:谢谢各位专家的精彩分析。学习进步、事业成功、家庭幸福都是我们所渴望的,而身体健康则是人生所有一切的最基本前提。我们希望这次座谈能对听众朋友有所启发。最后,祝愿各位听众身体健康、生活幸福。

● 词　语

1. 事与愿违		shìyǔyuànwéi	事情的发展和主观愿望相反。
2. 疾病	(名)	jíbìng	病的总称。
3. 苗头	(名)	miáotou	略微显露的发展趋势。
4. 内涵	(名)	nèihán	逻辑学名词,指一个概念所反映的事物本质属性的总和。
5. 外延	(名)	wàiyán	逻辑学概念,指一个概念所确指对象的范围。

高级汉语口语(提高篇)

6. 生理	(名)	shēnglǐ	身体的物质方面,和心理相对。
7. 遗传	(动)	yíchuán	生物体的构造和生理机能等由上代传给下代。
8. 器官	(名)	qìguān	physical organ：消化器官：digestive organs.
9. 耐力	(名)	nàilì	耐久的能力。
10. 灵敏	(形)	língmǐn	对微弱刺激的反应迅速。
11. 量化		liànghuà	把事物的特征通过对量的多少的测定显示出来。
12. 言过其实		yánguòqíshí	说话过分,不符合实际。
13. 含糊	(形)	hánhu	不清楚,不明确。
14. 诸如	(动)	zhūrú	举例用语,表示不止一个例子。
15. 视而不见		shì'érbújiàn	看见却好像没有看见一样,形容不重视、不注意、不关心。
16. 冠心病	(名)	guānxīnbìng	多发心脏疾病,由心脏冠状动脉的病变引起。coronary heart disease
17. 胆固醇	(名)	dǎngùchún	cholesterin
18. 摄入	(动)	shèrù	食用、吸收。
19. 粗粮	(名)	cūliáng	和细粮相对,指大米、白面以外的食粮。
20. 杂粮	(名)	záliáng	稻谷、小麦以外的粮食,主要有玉米、小米、高粱、豆类等。
21. 点缀	(动)	diǎnzhuì	装饰;凑数。
22. 均衡	(形)	jūnhéng	均匀平衡。
23. 艰巨	(形)	jiānjù	困难而繁重。
24. 骨干	(名)	gǔgàn	起主要作用的人或物:~分子。
25. 充沛	(形)	chōngpèi	充足而旺盛:精力~。

第十一课　事与愿违

26. 延缓	（动）	yánhuǎn	推迟。
27. 压抑	（动）	yāyì	对感情、力量进行限制,使之不能充分流露或发挥。
28. 利润	（名）	lìrùn	工商活动中扣除成本后所赚的钱。
29. 催人奋进		cuīrénfènjìn	促使人努力去奋斗。
30. 物极必反		wùjí-bìfǎn	事物发展到极端,就会走向反面。
31. 身心	（名）	shēnxīn	身体和精神。
32. 焦虑	（形）	jiāolǜ	焦急忧虑。
33. 倦怠	（形）	juàndài	疲乏厌倦。

● 注　释

1. 需要数据来说话　　指要使用数据来证明某一观点。
2. 丁是丁卯是卯　　　形容非常清楚,一点也不含糊。
3. 老龄社会　　　　　由于平均寿命的延长,老年人口在总人口中的比例超过一定数量的社会。
4. 直线上升　　　　　形容上升的速度极快。
5. 上有老下有小　　　上边有老人,下边有孩子,形容家庭负担重。
6. 下岗　　　　　　　离开工作岗位,失业的委婉说法。

● 练　习

一　请用正确的语气和语调朗读下列句子:

1. 收入增加了,生活水平提高了,可人们的健康状况为什么不但没有变好,反而还不如以前了呢?
2. 既然谈的是增强体质,让我们首先来看一看体质到底指的是什么,有什么样的内涵和外延。

高级汉语口语(提高篇)

3. 慢性病等疾病的发病率有所增高固然是事实,但诸如营养不良等由于生活水平低而引起的疾病已经很少见了也是不容否认的。
4. 我认为,近十年来我国城市居民高血压、冠心病、糖尿病、肥胖症等慢性病的患病率直线上升,很大程度上是"吃"出来的。
5. 我做了一个调查,40 到 50 岁的中年人患各种慢性病的比例高达 20%。
6. 法国卫生部的数字表明,法国年轻人的死亡原因中,增长速度最快的不是艾滋病,不是吸毒,也不是车祸,而是心理压力导致的自杀。
7. 竞争的激烈、下岗的威胁、家庭的不稳定、冲突的增加、信息爆炸和知识更新速度的加快都会造成心理压力。
8. 随着市场经济的发展,人们的道德观念、价值观念都发生了巨大的变化,对自我、对生活的期望值更是越来越高,如果不能很好地调整自己的心理状态,很容易产生焦虑情绪。

二　请说出下列各句中画线部分的含义:

1. 近年来,在我国一些较富裕的地区,各种慢性病和心理、精神方面的疾病的发病率有逐渐增多的苗头。
2. 让我们首先来看一看体质到底指的是什么,有什么样的内涵和外延。
3. 就总体情况而言,认为我国人民的体质状况呈下降趋势是言过其实了。
4. 这么说并不意味着我们可以对新出现的问题视而不见。
5. 据调查,人们各种维生素和部分矿物质的摄取量和十年前相比有不同程度的下降。这无疑是一个危险的信号。
6. 适度的压力可以催人奋进,对健康是有益无害的。
7. 物极必反,压力如果超过一个人的心理承受能力,就会严重损害身心健康。
8. 竞争的激烈、下岗的威胁、家庭的不稳定、冲突的增加、信息爆炸和知识更新速度的加快都会造成心理压力。

第十一课　事与愿违

三　根据课文的内容,回答下列问题,并根据回答简述课文内容:

1. 近年来,在中国一些较富裕的地区人们的健康状况出现了什么变化?
2. 为什么说,认为人们的体质状况呈下降趋势是言过其实了?
3. 在"吃"的问题上,人们主要有哪些误区?
4. 中年人慢性病患病率高的一个重要原因是什么?
5. 生活压力在什么情况下会严重损害人的健康?
6. 中国人的生活压力近年来为什么大大增加了?

四　语言实践:

1. 你认为对健康最不利的因素是什么?
2. 你觉得哪种饮食方式最健康?

 词汇学习

一　请在句中填入适当的词语:

视而不见　　言过其实　　事与愿违　　物极必反　　催人奋进
苗头　　　　内涵　　　　诸如　　　　点缀　　　　倦怠

1. 她每天只吃一点蔬菜水果,希望能快速减肥,结果(　　　　),不但没有减掉多余的脂肪,体质反而下降了。
2. 凡事都有限度,超过这个限度就会产生相反的效果,这就是(　　　　)。生活中这样的例子很多,(　　　　)强迫孩子读书、快速减肥等等。
3. 当孩子出现迷恋网络、厌倦学习等不好的(　　　　)时,我们应该及时制止并加以纠正,不能(　　　　),任其发展,否则后果严重。
4. 那位残疾青年自强不息的故事令人感动,(　　　　)。
5. 如果说学生们出现了学习(　　　　),我认为是(　　　　),不过这也提醒我们,应该适当地注意教学方法,调整学习内容。
6. 我们应该清楚地了解这个概念的(　　　　)和外延,才能更好地使用它。
7. 洁白的长裙,(　　　　)着一圈红色的花边,非常漂亮。

高级汉语口语(提高篇)

二 从所给的词语中选择一个,完成句子:

1. 要想取得成功,除了确立明确的目标以外,还要具有坚强的(耐力/体力/毅力),付出艰苦的努力才行。
2. 他最不喜欢春天,因为他有花粉(灵敏/机敏/过敏)症。
3. 你们的任务很(艰巨/艰苦/艰难/艰辛),有没有信心完成?
4. 刚到外国,人生地不熟,容易产生(焦虑/焦躁/焦急)情绪。
5. 昨天睡得太晚了,今天上课时直犯(模糊/含糊/迷糊)。
6. 我想一年的时间不够,打算再(延缓/延长/延迟)半年的学习时间。

三 到目前为止,我们在前边的课文中都学到了哪些新的成语?请至少找出五个,并看看它们在构造和意义的表达上有什么特点。结合具体语句,请体会一下,使用成语能产生什么效果?使用与不使用成语,在表达上有什么不同?请向同学们汇报你观察的结果。

语言要点与操练

● 怎么说

叙述(四):比较的方法

比较在各种形式的表达中都会用到,它常用以下词汇、句式来进行:

……比……形(一个/百分之~/一点/一些/得多)

跟(和;同)……一样(不一样)

跟(和;同)……相同(不同)

有(没)……/有(没)……那么(这么)……

像(不像)……那么(这么)……

……不如……/……比不上……/……不比……

越来越~

一~比(赛)一~;一天比一天;一个赛一个

第十一课　事与愿违

跟(和/同)……相比,……/跟(和/同)……比起来,……

跟(和/同)……(同期)相比,……/比……(同期),……

> 练习:请在后面的"交流与讨论"中有意识地运用各种比较的方法来发表自己的见解。

语气(四):表意语气

我们可以使用某些词汇、语句向对方传达某种特定的信息,和这种信息的表达联系在一起的语气,就是表意语气。表意语气有很多,下面,我们学习其中的四种:确定、推测、祈使、感叹。

1. ……啦(喽)
   ……的
   对!……/是啊!……/好哇!……/本来嘛!……/谁说不是呢!……
   当然,……/自然,……/确实,……/显然,……

2. 恐怕……/大约……/可能……/也许……
   说不定……/岂不是……/难道(不)……

3. 让……/把……
   ……吧!/……啊!/……了!
   快……!/慢……!/……着点!
   给我……!/你给我……!
   别!别!别!/别!……了!

4. 啊!/多么……
   简直(不能/无法)……/怎么能(不)……/……如何(不)……
   唉!……/真没办法!……/没辙!……
   天知道!……/谁知道!……

179

这可怎么办呢？/这可怎么得了啊！

● 句式和表达

1. 大体(上)……

   例句：从生理学的角度来看，体质是指人的健康水平和对外界的适应能力，大体上包括六方面内容……

   表达：

   (1) 对解决这个问题，我总的来说持悲观态度。
   (2) 公司领导基本同意我的计划，只有几个细节还应该作进一步改进。
   (3) 虽然这么说有些言过其实，……
   (4) 今年虽然遇到了灾害，但……大体持平。
   (5) 虽然在现阶段电脑在许多方面还远远不及人脑，但……大体相同。

2. 诸如……

   例句：诸如营养不良等由于生活水平低而引起的疾病已经很少见了。

   表达：

   (1) 他的领导风格是，抓原则、抓大事，具体的工作，如像用多少人来做、怎么把一件工作完成好等等，他都放手让下属根据情况灵活掌握。
   (2) 我是过敏性体质，各种会引起过敏的物质，好比吃的鱼、虾，空气中的花粉、粉尘等等，都可能让我浑身红肿。
   (3) 听说不少化妆品，……，都含有微量的铅，常年使用可能损害皮肤。不知道是不是真的？
   (4) 一件文学作品的成功取决于多方面的因素，……
   (5) 大气中的各种有害物质，……，无疑都会对人的健康产生重大的影响。

第十一课　事与愿违

3. 无疑

　　例句:老年人在总人口中所占比例的增加,无疑会提高慢性病的发病率。

　　表达:

　　(1) 适当的压力对健康有益无害,但压力过大一定会损害人的健康。

　　(2) 对一般人来说,稍微胖一点无所谓;但对一位职业模特来说,体型当然是至关重要的。

　　(3) 虽说是人就会犯错误,但……无疑是致命的。

　　(4) ……无疑已经向人们证明了自己出色的工作能力。

　　(5) ……无疑在人们的工作生活中起着越来越重要的作用。

4. A 归 A,B 归 B;A 是 A,B 是 B

　　例句:• 道理归道理,习惯归习惯,改变的可能性不大。

　　　　• 丁是丁,卯是卯,一清二楚,毫不含糊。

　　表达:

　　(1) 我可跟你没关系;不要把你和我、你做的事情和我做的事情扯到一起。

　　(2) 他工作跟交情分得很清楚;工作的时候必须讲原则,按法律、规定办;下班以后,朋友之间随便一些没关系。

　　(3) 态度归态度,能力归能力,……

　　(4) ……,工作的时候拼命干,玩儿起来放开了玩儿。

　　(5) "亲兄弟,明算账"的意思是,……

5. 既……也(又)……

　　例句:既缺少空余时间也没有多余精力。

　　表达:

　　(1) 对国外的东西;不能盲目照搬照套;不能一概排斥;应该作具体分析之后,取其精华。

　　(2) 要把工作做好;要有饱满的热情和干劲;要有实事求是的科学态度。

　　(3) 我提出了一个大胆的改革设想,……

(4) 他可是个多面手,……

(5) 在比赛中,我们队发挥得极其出色,……,没给对手任何机会。

6. 显然

例句:显然,如何面对生活压力,调整好心态,缓解紧张情绪,是我们保持健康、增强体质的一个重要方面。

表达:

(1) 警察破门而入以后发现;房间的地面、桌上都覆盖着厚厚的尘土;房子已经很久没人住了。

(2) 他进门时,脸上阴沉沉的;可以看得出来,他的钱又输光了。

(3) 才不一会儿功夫,小张就气喘吁吁,……

(4) ……,显然,他有深厚的中国古典文学修养。

(5) 小王见到钢琴就像见到了久别的老朋友,情不自禁地坐下来熟练地弹了起来,……

7. 更(更是)……

例句:随着市场经济的发展,人们的道德观念、价值观念发生了巨大的变化,对自我、对生活的期望值更是越来越高。

表达:

(1) 我很钦佩他;我钦佩他的学识和机智;我钦佩他的高尚品德。

(2) 颐和园不但有美丽的自然风光,而且有丰富的历史、人文景观。

(3) 评价一件事情,不但要看结果,……

(4) 她是个害羞的女孩子,平时胆子就小,……

(5) ……,更是兢兢业业、尽职尽责。

第十一课　事与愿违

交流和讨论

● **热身练习：请思考**

1. 你认为，健康有哪些具体标准？
2. 你什么时候感觉最快乐？什么时候最不快乐？
3. 你认为，自己在健康问题上有无误区？包括哪些方面？
4. 你喜欢体育活动吗？什么样的体育活动最有益健康？
5. 你认为，怎样才能够保持乐观、向上的心态？

● **课堂讨论**

请每位同学就增强体质这一问题谈谈在你们国家面临的难题及专家们的意见。请尽量用事实来说话，多引用调查数据及对数据的统计、对比分析。具体词汇也可参见副课文。

1 食物结构及烹调方法：

金字塔形食物结构；碳水化合物；谷类食物；大米；面食；粗粮；绿叶蔬菜；瓜果；水果；植物纤维；奶制品；鸡蛋；肉类；奶油；黄油；烹调油；植物油；糖；蒸；煮；熬；焖；炒；煎；炸；烤

2 健身与锻炼：

有氧运动与无氧运动；全民健身与竞技体育；保持机体的活力；肌肉的力量；身体各部分器官的功能；放松紧张的神经；消除大脑的疲劳；慢跑；散步；球类运动；健身房；韵律操；舞蹈

3 生活压力与心理健康：

自我意识；自我肯定；协调能力；乐于助人；亲情；自信；自爱；自尊；有理想；责任感；勤奋；满足；失败；压抑；沮丧；自卑；焦虑；悲伤；压力；自我否定；不满；失望；孤独

4 其他。

副课文

(一) 都市生活误区

长年生活在现代化都市中的人们,常有一些有害健康的生活误区,因而,容易患上"现代城市病"。

误区一:食不厌精

现代都市人的食品中,精细食品越来越多,这样下去会造成各种维生素的大量缺乏,导致不良后果。比如,脚气病就和维生素缺乏有关。此外,纤维素长期摄入不足,会导致便秘、痔疮、食欲不振、烦躁、头痛。肠道肿瘤、血管硬化、冠心病、高血压、糖尿病等慢性病也都和饮食有关。总之,粗茶淡饭更有益健康。

误区二:乱服药品、补品

都市人大多以为,多吃各种药品、补品可以健康长寿。实际上,养成良好的生活习惯、坚持适当的体育锻炼、保持营养均衡是获得健康长寿的惟一途径。药品、营养品、滋补品只有在特定的情况下才有作用。

误区三:吃夜宵

都市的夜生活十分丰富,很多人都有吃夜宵的习惯。特别是有些人,晚睡晚起,早餐、午餐草率,晚餐、夜宵丰盛,很容易诱发心脏病、胃肠道疾病,还可能导致肥胖。

误区四:迷恋电视、电脑

每天看电视或使用电脑,不超过四个小时,并不影响人体健康。然而,长时间看电视或使用电脑,对健康损害极大。荧光屏在使用过程中还会产生一种有毒气体,因此,使用电视、电脑时应注意通风。

误区五:以车代步

使用现代交通工具,为都市人节省了不少时间和体力。但长年累月地以车代步,对健康是不利的。如果时间允许,每天应该至少步行20分钟以上。特别是对脑力劳动者来说,走路是最佳的生理活动之一,不但可以改善血液循环,而且可以增强心脏的收缩力。

第十一课　事与愿违

误区六：吸烟酗酒

为缓解紧张情绪，许多都市人有吸烟酗酒的不良习惯。吸烟不但污染空气，而且会使人患各种疾病，特别是呼吸道疾病的可能性大大增加。长期酗酒，可能导致大脑受损，出现注意力不集中、记忆力和判断力下降等症状，还会损害肝脏，造成酒精中毒性肝硬化。

(二)心理健康的标准是什么？

世界卫生组织将健康定义为：躯体健康、心理健康、道德良好和社会适应能力良好。过去，人们比较注意身体健康，现在，随着物质生活水平的提高，社会竞争的加剧，越来越多的人开始关注心理健康。

那么，怎样才算心理健康呢？心理学家提出以下标准：

一、有适度的安全感，有自尊心，肯定自我的成就与价值。

二、适度的自我批评，不过分夸耀自己，也不过分苛责自己。

三、在日常生活中，具有适度的主动性，不被环境左右。

四、有适度的个人需要，并具有满足这种需要的能力。

五、有自知之明，有切合实际的生活目标，了解自己行为的动机和目的，能对自己的能力做客观的估计。

六、有良好的人际关系，有爱心。

高级汉语口语(提高篇)

七、能保持人格的完整与和谐,个人的价值观能适应社会的标准,对自己的工作能集中注意力。

八、在不违背社会标准的前提下,能保持自己的个性,既不过分阿谀,也不过分寻求社会的赞许,有个人独立的意见,有判断是非的标准。

(三)北京青少年肥胖状况严重

"据资料统计,北京市在80年代的肥胖率仅为1%至3%,但最近几年这一数值的上升却以数倍的速度在增加,目前肥胖发生率已经达到发达国家水平。"今天上午,北京市疾病预防控制中心学校卫生所的研究人员在接受记者采访时不无忧虑地介绍说,"在成人期终身不能治愈的慢性病中,如心脏病、高血压的发生大多与肥胖有着直接关系,而成人期的肥胖有80%都源自青少年,仅以北京为例,目前青少年的肥胖状况却着实令人堪忧。"

据专家介绍,最近几年在六种学生常见病的控制过程中,一个非常突出的特点就是,在其他五种常见疾病相继得到控制的情况下,北京青少年的肥胖发生率却出现了只升不降的不良趋势。"以北京市为例,据2001年的调查显示发现,个别区县的小学四年级和初中二年级的学生的肥胖率分别高达26%和28%,而且这个数值还有继续增加的趋势。"

那么是什么导致了青少年肥胖率的急剧增长?在日常生活中又该如何尽量避免肥胖的发生呢?对此,疾病控制中心的相关专家认为,在造成北京青少年肥胖增加的多种原因中,除了饮食结构不合理,平时摄入过多高热能食品以及运动量减少,消耗热量过少这些常规因素外,现代青少年在个人行为中的一些不良习惯也是造成肥胖的一大诱因,如长时间的看电视、上网、打游戏等,都在很大程度上导致了肥胖症的发生。其中长时间看电视更早已被科学证实是导致肥胖率增加的非常重要的一项独立危险因素。据美国当地对10至15周岁的青少年开展的一项调查显示,在这些青少年中,平均每天看电视5小时的孩子在发生肥胖症的危险性上比那些每天看电视不足2小时的孩子高出5.3倍。而根据我国最近一次的调查显示,在我国青少年中,长时间看电视的比例已经高达12.7%。

第十一课　事与愿违

请你说一说

　　运动对健康的益处不言而喻,但许多运动或需要太多的技巧,或让人感觉枯燥无味。最近,有人想出了一个妙点子:举行背老婆比赛。规则很简单,丈夫必须背着妻子跨越各种障碍物,先到达终点者获胜。比赛趣味盎然,还能增进家庭和睦。只有一个问题:这项运动对丈夫高大、妻子娇小的夫妻有利。
　　你是否能想出一种既简单又好玩的运动?

第十二课 开卷有益

主课文

读书杂谈

我小时候念过一首顺口溜:"春天不是读书天,夏日炎炎正好眠,秋天凄凉冬又冷,收拾书包过新年。"这首顺口溜的来源已无从考证,可能是某些私塾小顽童的集体创作。可见自古以来,读书就是苦多乐少,孩子们以能避之为快事。为了将他们引导到"四季都是读书天"的正确路线上来,家长和老师们不知要说多少读书重要的大道理,可惜,大多数的谆谆教导都是对牛弹琴,孩子们左耳朵进右耳朵出,就是不往心里去。当然,这里的所谓"读书"是狭义的,和现在通常所说的广义的看书学习、读书消遣有所不同,指的是从识字启蒙开始的基础教育。古时候它可是件神圣无比且功用无穷的事情,以至于有"书中自有黄金屋;书中自有千钟粟,书中自有颜如玉"之类的说法。

其实,读书的苦与乐,读书的有用和无用,别人说了千百遍,不如自己亲自实践一番;所谓"要知道梨子的滋味,就得亲口尝一尝";所谓"如鱼饮水,冷暖自知"。天下之大,书籍之多,众生芸芸,人不同,书

第十二课　开卷有益

也不同,读书的目的和态度各不相同,怎么能一刀切地谈呢?

就说为什么而读书吧,有人为了学习知识而读书。那么,为什么而学习呢?有的是为了解决某项具体的工作中遇到的问题,属于"急来抱佛脚"一类,即所谓的"带着问题学",这种学习往往最容易见到效果,但也容易因为零零碎碎、一知半解,以致非但没能把问题解决好,反而把事情弄糟了。还有的是为考试而学习。无论是为了升学、为了文凭还是为了提职称,人的一生中往往不得不面对无数次的考试。因为这种考试的目的单一,因而可以找窍门、觅捷径,于是,就有各种各样的指南、秘诀和辅导手册出现,且有泛滥成灾之患。当然,为了这种目的而读的书,大多数是考完了就抛到脑后。不过,这也颇使一些考试专家和书商从中赚了一笔。以上两种可以归之为急功近利的读书。

有一种人与上述读书者不同,就是那些已经成为学者或将要成为学者的人。对他们而言,根本不存在读书有用没用的问题。书是他们进行脑力劳动、精神生产的生产资料,一刻也不能缺少,特别是他们中可称之为"百分之百读书人"的那一部分。对他们来讲,读书不仅仅是习惯,而且是生活中不可或缺的需求,即使不是第一需求。惩罚他们最好的方法是剥夺他们读书的权利,或让他们读他们不想读的书。

不过,现代社会中,绝大多数读者,是在电视和其他娱乐以外,纯粹为了休闲解闷而读书的,相对于前面"硬性"的读书目的和"硬性"读物来说,这应该算是"软性"的读书了。闲来读书,读闲书,人生一大快事。至于何为"闲书",依我看,无非有以下几个档次:上者怡情益智,下者诲盗诲淫;中间则是些趣味性、知识性的东西,多多少少可以开眼界、广见闻。至于选什么书来读,全在你的兴趣和品位了。

　　由此可见,读书还是很有讲究的。书有好坏之分,读书也有有益与有害的不同,不能简单地说"开卷有益"。开卷未必有益,搞不好还有害;退一步说,即使是多读了一本虽无益但也无害、不好也不坏的书吧,也就是等于少读了一本有益的好书。

　　有哲人说过,"读书使人明智。"虽然好像是说读书以后人才会变得明智,然而这需在读书之前就是一个明白人,在选什么书读这第一道工序上,就不能犯糊涂,否则即使"瞎猫碰死耗子",遇到好书,也未必能读明白,更不必说变得明智了;更有甚者,万一读到一本坏书,那就将贻害无穷了。有些犯罪者就曾在法庭上陈述道,之所以走上犯罪的道路,是因为读了"坏书",受了坏书的影响。其实,可以反过来说,既然这么容易受书的影响和指引,为什么就没有去读"好书",受好书的影响而成为一个好人呢?与其如此,还不如什么书也不读,落个糊涂得朴实、自然。

　　又有哲人说,"读书越多越愚蠢。"仔细想来,也不无道理。粗制滥造、假冒伪劣的印刷品,固然不必多说,就是真正有价值的典籍,如果只是照单全收,不消化、不鉴别,不同历史和现实联系起来思考,唯书是信,"泥书不化",难免被称为书呆子。像"郑人买履"那样"尽信书",真不如无书了。

　　自然,因噎废食更不足取。从古到今,有因为懒惰而不读书的,有因为忙碌而少读书的,却几乎没有因为怕上当受骗或怕当书呆子而不读书的。我的这一番杂谈,不过是想让诸位了解,大千世界上有各式各样的想法和说法是正常的,需要自己好好掂量、仔细辨别,然后决定何去何从。

(改写自邵燕祥《春天是不是读书天》)

第十二课　开卷有益

● 词　语

1. 开卷有益		kāijuàn-yǒuyì	打开书本就能受益，强调只要读书学习就是一件好事。
2. 顺口溜	（名）	shùnkǒuliū	民间流行的韵文，用的虽然是口语，但读起来自然顺口，像诗歌一样。
3. 凄凉	（形）	qīliáng	环境、景物或人的心情寂寞冷落，没有生气。
4. 无从	（副）	wúcóng	书面语，没有办法找到头绪
5. 考证	（动）	kǎozhèng	用文献资料来考察、证实。
6. 谆谆	（形）	zhūnzhūn	形容非常诚恳的样子。
7. 对牛弹琴		duìniú-tánqín	比喻跟不懂道理的人讲道理。
8. 狭义	（名）	xiáyì	跟"广义"相对，指范围比较狭窄的定义。
9. 启蒙	（动）	qǐméng	使初学的人得到基本、入门的知识。
10. 芸芸众生		yúnyún-zhòngshēng	芸芸，很多的样子。佛家用"芸芸众生"来泛指世间一切生灵，本文用来指世界上所有的人，用为"众生芸芸"。
11. 一知半解		yìzhī-bànjiě	知道得不全面，了解得不透彻。
12. 职称	（名）	zhíchēng	根据某人学术水平、研究能力给予的职务的名称，如教授、副教授。
13. 窍门	（名）	qiàomén	解决问题的简捷而有效的方法。
14. 觅	（动）	mì	书面语，寻找。
15. 捷径	（名）	jiéjìng	近路。比喻能较快达到目的的

高级汉语口语(提高篇)

				方法。
16.	泛滥成灾		fànlàn-chéngzāi	比喻坏的东西不受限制地流行。
17.	急功近利		jígōng-jìnlì	急于求成,追求眼前利益。
18.	不可或缺		bùkě-huòquē	一点也不能缺少。
19.	档次	(名)	dàngcì	按一定标准分成的等级。
20.	诲	(动)	huì	古汉语,教导。
21.	品位	(名)	pǐnwèi	指物品的质量、达到的水平。
22.	哲人	(名)	zhérén	有很大智慧的人。
23.	工序	(名)	gōngxù	工作的程序。
24.	贻害无穷		yíhài-wúqióng	留下很多的祸患。
25.	朴实	(形)	pǔshí	朴素实在。
26.	粗制滥造		cūzhì-lànzào	马虎草率,产量大而质量差。
27.	假冒伪劣		jiǎmàowěiliè	冒牌、质量很差的东西。
28.	照单全收		zhàodān quánshōu	形容不进行选择、不加以鉴别地接受。
29.	鉴别	(动)	jiànbié	辨别东西的真假、好坏。
30.	泥古不化		nígǔ búhuà	拘泥于古人,不知道变通。这里借用为"泥书不化"。
31.	郑人买履		zhèngrén mǎilǚ	形容不看实际情况,只相信教条。
32.	因噎废食		yīnyē-fèishí	怕噎死就不吃饭。形容怕出小问题就不做应该做的事。
33.	大千世界		dàqiān-shìjiè	佛教用语,现在常来形容广阔无边的世界。
34.	掂量	(动)	diānliang	好好考虑、斟酌。
35.	何去何从		héqù-hécóng	离开哪里,到哪里去?形容在重大问题上进行选择。

第十二课　开卷有益

● 注　释

1. 私塾　　　　　　　　　旧时由家庭或教师自己设立的教学场所，一般只有一个教师。
2. 以能避之为快事　　　　把逃避某事看做是一件快乐的事情。
3. 左耳朵进右耳朵出　　　形容听了就忘或根本不听，也作"当耳旁风"。
4. 书中自有黄金屋，书中自有千钟粟，书中自有颜如玉
　　　　　　　　　　　　黄金屋代表钱财，"千钟粟"指古代高级官员的工资(俸禄)，"颜如玉"代表漂亮的女子。这三句话的意思是：只要努力读书就可以获得一切。
5. 如鱼饮水,冷暖自知　　比喻情况如何自己能够体会到。
6. 一刀切　　　　　　　　比喻不顾实际情况,只用一种方法来处理问题。
7. 急来抱佛脚　　　　　　比喻平时不准备,事到临头才慌忙求助。
8. 抛到脑后　　　　　　　形容完全忘记。
9. 脑力劳动　　　　　　　和"体力劳动"相对。
10. 瞎猫碰死耗子　　　　　形容得到某种东西完全是因为偶然。
11. 唯书是信　　　　　　　只相信书上的东西。
12. 尽信书不如无书　　　　如果只要书上说的就相信,那还不如没有书。强调不能盲目迷信书本知识。

● 练　习

一　请用正确的语气和语调朗读下列句子：

1. 春天不是读书天,夏日炎炎正好眠,秋天凄凉冬又冷,收拾书包过新年。
2. 为了将他们引导到"四季都是读书天"的正确路线上来,家长和老师们不知要说多少读书重要的大道理。
3. 天下之大,书籍之多,众生芸芸,人不同,书也不同,读书的目的和态度各不相同,怎么能一刀切地谈呢？
4. 自然,读书的苦与乐,读书的有用和无用,别人说了千百遍,不如自己亲自实践一番；所谓"要知道梨子的滋味,就得亲口尝一尝"；所谓"如鱼饮水,冷暖

193

自知"。

5. 有的是为了解决某项具体的工作中遇到的问题,属于"急来抱佛脚"一类,即所谓的"带着问题学",这种学习往往最容易见到效果。

6. 闲来读书,读闲书,人生一大快事。

7. 与其如此,还不如什么书也不读,落个糊涂得朴实、自然。

8. 如果只是照单全收,不消化、不鉴别,不同历史和现实联系起来思考,唯书是信,"泥书不化",难免被称为书呆子。

二 请说出下列各句中画线部分的含义:

1. 可惜,大多数的谆谆教导都是<u>对牛弹琴</u>,孩子们<u>左耳朵进右耳朵出</u>。

2. 其实,读书的苦与乐,读书的有用和无用,别人说了千百遍,不如自己亲自实践一番;所谓"<u>要知道梨子的滋味,就得亲口尝一尝</u>";所谓"<u>如鱼饮水,冷暖自知</u>"。

3. 人不同,书也不同,读书的目的和态度各不相同,怎么能<u>一刀切</u>地谈呢?

4. 有的是为了解决某项具体的工作中遇到的问题,属于"<u>急时抱佛脚</u>"一类,即所谓的"<u>带着问题学</u>"。

5. 相对于前面"<u>硬性</u>"的读书目的和"<u>硬性</u>"读物来说,这应该算是"<u>软性</u>"的读书了。

6. 在选什么书读这第一道工序上,就不能犯糊涂,否则即使"<u>瞎猫碰死耗子</u>",遇到好书,也未必能读明白,更不必说变得明智了。

7. 像"<u>郑人买履</u>"那样"<u>尽信书</u>",真不如无书了。

8. 自然,<u>因噎废食</u>更不足取。

三 根据课文的内容回答下列问题,并根据回答简述课文内容:

1. 那首顺口溜是什么意思?
2. 急功近利的读书有哪几种?
3. 学者们是怎样看待书的?
4. 休闲时读的书大致有几类?开卷有益有什么条件?
5. "读书使人明智"、"读书越多越愚蠢"这两种说法在什么情况下成立?

第十二课　开卷有益

6. 本文作者的目的是什么？

四 语言实践：

1. 读书的人分几种？
2. 请推荐一本畅销书，并说明理由。

● 词汇学习

一 请在句中填入适当的词语：

对牛弹琴　开卷有益　芸芸众生　一知半解　急功近利
不可或缺　粗制滥造　贻害无穷　因噎废食　照单全收

1. 学习外语，各类词典，诸如《汉英词典》、《快译通》等是（　　　）的工具。
2. 我们学知识，不但要知其然，还要知其所以然，不能只是（　　　）。
3. 不管什么书，只要看就会有好处，所谓（　　　）嘛！不过现代人生活节奏很快，而且（　　　），目的性很强，能静下心来踏踏实实看书的人已经不多了。
4. 我讲了半天，他们却不知道我在讲些什么，简直是（　　　）。
5. 大千世界，（　　　），真正名垂千古的伟人能有几个？
6. 现在音像市场上充斥着一些（　　　）的假冒伪劣制品，甚至还有一些内容很不健康。因此必须加以整顿和治理，否则（　　　）。
7. 尝试新的知识和技术总是要付出一定的代价，我们不能因为出现这样那样的问题就（　　　），放弃改革。
8. 对外来的东西，我们应该有选择地消化和吸收，而不能来者不拒，（　　　）。

二 从所给的词语中选择一个，完成句子：

1. 从一个人的衣着及举止言谈上可以看出一个人的（档次/品味/修养/级别）。
2. 她刚从外面回来，手脚冻得（凄凉/冰凉/荒凉/悲凉）。
3. 经过专家（考证/例证/验证/论证），这种新药确实有抗癌的疗效，值得推广。

高级汉语口语(提高篇)

4. 那位老大爷的的话,虽然(朴实/诚实/真实),没有任何修饰,但是却充满了哲理。

5. 他自学过考古知识,可以轻易(鉴别/分别/区别/辨别)出文物的真伪。

6. 这件事你自己(掂量/衡量/估量)着办吧,我不想替你拿主意。

三 以下这些词语在构成、来源上有什么特点?
对牛弹琴;郑人买履;芸芸众生;大千世界;一知半解;因噎废食
左耳朵进右耳朵出;瞎猫碰死耗子;急时抱佛脚;一刀切
请借助词典加以说明。请至少每一类再找出两个这样的词语。

语言要点与操练

● **怎么说**

口语的风格(三):典雅口语体与文言词

文言是中国古典文学所使用的主要语言,具有行文精练、词汇丰富等优点。虽然由于脱离口头语言,从近代开始文言文已经逐渐被白话文取代,但它的许多词汇仍然被继承下来,活跃在今天的语言中,特别是某些虚词在特定的场合使用频率相当高。恰当地使用文言词,可以起到使语言典雅、简洁的作用。以下,我们就一些常用的文言词进行举例性说明:

其:代词,表示第三人称,如:弄清其性质;促使其早日完成;其中;其实;其次;其余。

之:代词,表示第三人称,如:使之适合于我们的需要;为之感动;取而代之。助词,相当于"的",如:老人之家;世界之大,无奇不有;之间;之上;之中。

此:指示代词,如:由此可见;由此入内;此路不通;为此;此外;此次访问。

何:疑问代词,如:为何;如何;何必;何妨;何去何从;谈何容易。

者:代词,如:工作者;记者;读者;胜利者;长者;前者;二者必居其一。

……然:副词,如:忽然;猛然;斐然;茫然;枉然;悠然;油然。

第十二课　开卷有益

非：副词兼动词，如：非金属元素；非会员；非正常死亡；答非所问；非此即彼。

则：副词兼连词，如：穷则思变；这样想可以，这样做则不允许；他继续学习，我则参加了工作。

于：介词，如：毕业于；成立于；致力于；满足于；有利于；相当于；敢于；忙于；高于。

自：介词，如：来自；引自；选自；自古以来；自上而下；自颁布之日起；自西向东。

以：介词兼动词，如：以……为……；以朋友的身份；以每人100元计算；以我个人的情况而言；以盛产茶叶闻名；致以衷心的感谢。

及：连词，如：教师及学生；句子成分的形式及其功能；石油、天然气及其他能源。

而：连词，如：少而精；因人而异；战而胜之；由……组合而成；为理想而奋斗；用力少而收效大。

与：连词兼介词：我与父母；与此同时；与困难作斗争。

> 练习：请把正课文和副课文中的文言词找出来，想一想，如果要说得"白"一些，句子应该做什么改动？

● 句式和表达

1. 以……为……

    例句：可见自古以来，读书就是苦多乐少，孩子们以能避之为快事。

    表达：

    (1) 在国际交往中，必须把相互尊重、互不干涉内政、平等互利作为基本准则。（以……为……）

    (2) 这次演讲比赛，参加的同学主要是高级班的学生。（以……为主）

    (3) 这次会议，还是在北京举行比较好。（以……为好）

    (4) 客观真理必须、也只能用实践来加以检验。（以……为标准）

197

(5) 这种格式还可以构成成语:以攻为守;以退为进。(请自己从词典中找出几个这种格式的成语。)

2. 所谓……

例句:这里的所谓"读书"和现在通常所说的看书学习、读书消遣有所不同。

表达:

(1) "阳春白雪",是指那些高雅的、一般人难以欣赏、理解的艺术作品。

(2) 医学教科书上说的"人体对外界刺激失去反应能力",就是昏迷的意思。

(3) 古代小说里所谓的"万夫莫当"……

(4) 我才不信他的……

(5) 难道这就是……

3. 名+之+形容词(大/多/长/快/远/高……)

例句:天下之大,书籍之多,众生芸芸,人不同,书也不同,读书的目的和态度各不相同,怎么能一刀切地谈呢?

表达:

(1) 中国历史很长;有记载的就有五千年。(……之久)

(2) 这个图书馆藏书丰富;一共有二百万册藏书。(……之多)

(3) 光的速度很快;你简直无法想象。(……之快)

(4) 恒星星系离地球很远;以至于寻找宇宙智慧生命现在还是一个幻想。(……如此之远)

(5) 全球一年的车祸死亡人数很高,你简直想象不到。(……之高)

4. 非但……反而……

例句:非但没能把问题解决好,反而把事情弄糟了。

表达:

(1) 他每天关在家里突击HSK,连课也不去上了。结果他的成绩不但没有提高,比上次还低了几分。

第十二课　开卷有益

(2) 我按照她介绍的方法去节食减肥,几个月以后,我的体重一点儿也没有减轻,相反还增加了几公斤。

(3) 不顾环境保护,盲目进行经济开发,……

(4) 这家商场为了促销商品,推出了打折返券的办法,……

(5) 有些人得了病,不是去看医生,而是自己随便买药,……

5. 退一步说

例句:开卷未必有益,搞不好还有害;退一步说,即使是多读了一本虽无益但也无害、不好也不坏的书吧,也就是等于少读了一本有益的好书。

表达:

(1) 他一定能考上大学;像他这样聪明的人,即使不上大学,他也会在工作岗位上作出成绩的。

(2) 他们的婚姻早就亮起了红灯;即使没有第三者,他们的婚姻还能维持下去吗?

(3) 我本来就对当官没有兴趣,……

(4) ……,退一步说,就算我真的喜欢那房子,我也买不起。

(5) ……,退一步说,即使我真的到那儿去工作,恐怕也无法胜任。

6. 更有甚者

例句:即使"瞎猫碰死耗子",遇到好书,也未必能读明白,更不必说变得明智了;更有甚者,万一读到一本坏书,那就将贻害无穷了。

表达:

(1) 街头的小广告你千万不能相信;有的是夸大其词;还有完全是骗人的。

(2) 节食减肥疗法受到了人们的质疑,有的人暂时减轻了体重,但很快反弹,甚至比以前还重。最可怕的是有的人得了厌食症,可能有生命危险。

(3) 这次股市危机中,不少人损失惨重,……

(4) ……更有甚者,垃圾已经污染了水源,严重危害人们的身体健康。

(5) 过量饮酒会引发各种消化道疾病,……

7. 固然

例句：粗制滥造、假冒伪劣的印刷品，固然不必多说，就是真正有价值的典籍，如果只是照单全收，不消化、不鉴别，不同历史和现实联系起来思考，唯书是信，"泥书不化"，难免被称为书呆子。

表达：

(1) 药可以治病；但如果不遵照医嘱，随便服用也会损害健康。

(2) 反正你现在的工作相当不错。能获得出国深造的机会很好；选拔不上也无所谓。

(3) 每一种文化固然有自己的特点，……

(4) 这处房子固然是偏远了一些，……

(5) 考大学固然是一条成才之路，……

交流和讨论

● **热身练习：请思考**

1. 你认为，书籍大致可以分为几类？
2. 什么样的书算是好书？标准是什么？
3. 你喜欢的书可以分成几类？
4. 你自己生活中不喜欢、但又不得不读的书有哪些？
5. 你读书都有哪些方法？不一样的书你有哪些不同的读法？

● **课堂讨论**

在我们每个人的生活中，书都起着极其重要的作用。在你的人生旅途中，是否有一本书对你的生活发生过举足轻重的作用？或者，是否有一本书曾经让你爱不释手？请把你的经历与体会报告给大家。请事先拟出发言提纲，并作五分钟的报告。

第十二课　开卷有益

1 这本书的作者：

著名；文学家；小说家；畅销书作者；出生于；就读于；毕业于；富于；传奇色彩；生活阅历；体验；构思；巧妙；情节；紧张；扣人心弦；出人意料；悬念；风格；语言；流畅；朴实无华；华丽

2 这本书的主要内容：

侦探；推理；言情；家庭伦理；都市生活；荒诞；武侠；黑色幽默；意识流；战争题材；主人公；开始；情节发展；结局；大团圆；悲剧；喜剧；主题；表现；深刻；感人；现实；浪漫；幻想；理想

3 这本书对我的影响：

爱不释手；打动；感动；启发；认识；道理；印象；深刻

副课文

（一）读书的快乐

生活中有许多的情趣，我尤其喜爱读书。从古至今读书的益处以被人们反复称颂，不知是否每个人都能够认同，而我从读书中的确体会到了至高无上的快乐和满足。

读书而且读对人有积极影响的好书是一生中的幸事，有可能从此你的世界观会有很大的不同。书是作者智慧的结晶，是对人生经过沉思后精心筛滤过的自我陈述，所以经常的读书是一种走捷径的完成思想成熟的方式。

当你阅读时，你会抛开一切的烦恼，悄然地被作者带入到一个全新的文化境界里自由漫步。在无数个夜晚里，你与一位长者展开了平静深远的交谈，驰骋古今、横跨时空与地域。长者充满智慧且言语坦诚，他的思想会慢慢溶入到你的心灵深处，字字叩击着幼稚的灵魂。潜移默化中你对世界万物的着眼角度开始发生变化，你会用心去体会人生的真正含义，能够快乐积极的对待生活，学会欣赏美并去创造美，你将踏着智者们的思想阶梯逐步达到一定的领悟境界，认知到宇宙自然的博大而自身的渺小。

有人把一生不爱读书的人比作囚徒，他们囚幽在自我和无知的牢笼里，他们

会经常地抱怨:"生活淡而无味,工作周而复始。"他们一定无法感到快乐,因为他们把自己套在一成不变的生活程序里,更多的关注于利益和得失,不仅对于外界的精彩无知无觉,而且忽视了生活中的点滴快乐,这种损失是非常可怕的。古人曾说:"三日不读书,面目可憎,语言无味。"我想这就是真实的写照吧。

读书可以使人眼界开阔,通过作者的视野去环游世界;读书亦会使人有风韵,谈吐文雅。早一天投入到书海里畅游文学你就会早一天发现此中无穷无尽的快乐,这种发现会使你终生受益。

七嘴八舌谈"书吧"

赵老板在北京有名的酒吧一条街——三里屯上有一处相当不错的bar。这天晚上是一支"蓝头发"摇滚乐队演出,客人很多。赵老板原来在这处经营的是号称京城第一的职业书吧,结果,几乎把他的老本都赔进去了。

"书香是书香,酒吧是酒吧,说什么书吧,那是现代人矫情。"赵老板说得很认真,"真正看书的人在书房,在图书馆,我这儿(他指指舞台)原来搁着几个书架,还贴着高尔基的名言,想起来挺傻的。"

采访中,赵老板又给记者介绍了一位党小姐。赵老板开书吧时,她就是常客,现在两人已成朋友了。党小姐说:"我觉得问题的根本可能出在人的自身。读书是需要静下心来的,要耐得住寂寞,而酒吧表现的却是现代生活的快节奏,是一种休闲方式、娱乐方式。一边是'秋灯一盏夜读书',一边是把酒畅谈,海阔天空,合起来只能是不伦不类。"结果,赵老板的生意后来做成了这样:店里贴着几家大书店的畅销书排行榜,书架上有书,墙上有客人贴的读后感什么的。党小姐摇头笑道:"这样更糟糕,看书成了赶时髦。比如我来这儿一坐,一看,昨天还流行吴宓呢,今儿流行《我的生活》了。又怕被嘲笑'落伍',只好飞快地看。可排行榜老变,读得再快也赶不上呀。我们这种'追星族式'的看书法,好书也给看糟踏了。"

采访中,很多顾客都对书吧这种形式不以为然,比较一致的看法是:眼下,玩得起酒吧的人很少看书,看书的人很少去酒吧。北师大中文系一位青年教师甚至认为,在酒吧基础上形成的书吧不但于读书没有益处,反而破坏了阅读氛

第十二课　开卷有益

围。为了商业目的迎合读者,书吧对书的注意,往往局限于休闲、娱乐类,这只能制约人们对真正好书的关注。听多了流行歌的耳朵欣赏不来交响乐,读书亦然。所以书吧起到的是弱化大众文艺鉴赏力的坏作用。

对此,中国社科院世界宗教研究所研究员卓新平的分析独到而深刻,他说,读书,在大多数人感觉中是件大事。古人读书,还要沐浴、焚香。他说,在国外初次看到外国学生在图书馆架着脚,一边吃零食一边看书时特别吃惊。他们就这样无所谓似的看奥古斯汀,甚至康德、黑格尔。后来他了解到,在一种放松的状态下看书,效果未必差于正襟危坐。这样的状态显然比头悬梁锥刺股的苦读要好。卓新平表示,"我的意思是,别把看书的形式当做什么了不得的大事,这样去想问题,也许会更容易接受书吧。"

毋庸讳言,书吧在书的品位上确实有待提高,这也使人们对职业书吧的意见难以统一。但是,从传统的书房走出来,或者暂时换一个环境,以轻松自在的状态看看书,聊聊天,已经受到不少读书人的欢迎。他们对一些书店附设的小咖啡间、小吧台的热情与日俱增,就证明了这一点。

一位正在三联韬奋图书中心的吧台上品咖啡的读者说,逛这书店不觉得累,看书时有沙发凳,休息时有 bar,品品这里的咖啡,跟店内的音乐一样,是书香的补充。国林风图书中心也从开业伊始就辟出相当面积办了咖啡座,让前来挑选图书的读者可以轻松一下,可以从容地在座椅上看书,还可以应店家之邀,参加趣味十足的各种小型讨论会。

当然,三联韬奋图书中心和国林风毕竟是以经营图书为主,在性质上与书吧还不是一回事,商业赢利主要还是依靠图书的销售。书吧则不然,到这里来消费的人,主要目的显然不是买书、看书、谈书,书吧能否经营下去也不会单纯依赖于摆放其间的书籍的销售。因此,书吧的老板也许很想把自己的这间原本"灯红酒绿"的经营场所,通过书籍的进入并且使客人的言谈增加有关书的内容而带上文化气息,使"酒香"与"书香"携起手来,相得益彰,但在事实上,如何操作以及顾客的接受程度、满意程度都很难讲,文章开头赵老板的经历就证明了这一点。

但是,随着我国经济实力的增长和生活水平的提高,人们对购书、读书环境

的要求也日趋多样化。况且随着科技、文化事业的兴旺,信息交流的频繁,一个人闭门读书、冥思苦想已不太适合当今社会的潮流,聚谈、讨论等学术交流的方式正被越来越多的读书人看好,书吧能否很好地顺应这种趋势,既考虑赚钱,又不让"铜臭"坏了"书香",真正把一部分人吸引过来成为常客,恐怕是想在这一事业上一试身手的经营者最应思考的。

(改编自《中华读书报》记者陈洁的同名报道)

请你说一说

请设计一个调查表,看看哪五类书籍最受人们喜爱。请至少对十个人进行你的问卷调查,然后向同学们汇报你的调查、分析结果。

总词语表

(数字表示课文序号)

A

安慰	(动)	ānwèi	5
按部就班		ànbù-jiùbān	1
按钮	(名)	àn'niǔ	9

B

八音盒	(名)	bāyīnhé	6
百般		bǎibān	7
扳道	(名)	bāndào	6
颁布	(动)	bānbù	3
半夜三更		bànyè-sāngēng	2
榜样	(名)	bǎngyàng	5
包袱	(名)	bāofu	5
崩溃	(动)	bēngkuì	8
毕竟	(副)	bìjìng	3
边缘	(名)	biānyuán	8
便饭	(名)	biànfàn	2
便利	(形)	biànlì	8
表里不一		biǎolǐbùyī	7
摒弃	(动)	bìngqì	10
不外乎		bú wàihū	2
不务正业		búwù-zhèngyè	6
补偿	(动)	bǔcháng	5
哺乳动物		bǔrǔ dòngwù	8
哺育	(动)	bǔyù	9
不妨	(副)	bùfáng	1
不可或缺		bùkě-huòquē	12
不容		bù róng	4
不同凡响		bùtóng-fánxiǎng	10
不朽	(形)	bùxiǔ	4
不言而喻		bùyán'éryù	4
不遗余力		bùyí-yúlì	6

C

参考书	(名)	cānkǎoshū	2
残疾	(名)	cánjí	1
残酷	(形)	cánkù	5
仓库	(名)	cāngkù	5
操作	(动)	cāozuò	6
层出不穷		céngchū-bùqióng	8
察言观色		cháyán-guānsè	7
诧异	(形)	chàyì	1
柴米油盐		chái mǐ yóu yán	2
产权	(名)	chǎnquán	7
长毛绒		chángmáoróng	6
超额	(动)	chāo'é	10
巢穴	(名)	cháoxué	9
成本	(名)	chéngběn	7
承受	(动)	chéngshòu	5
吃苦耐劳		chīkǔ-nàiláo	5
痴迷	(动)	chīmí	6
持续	(副)	chíxù	4
充沛	(形)	chōngpèi	11
纯粹	(副)	chúncuì	2
磁盘	(名)	cípán	8
刺激	(形)	cìjī	2
粗粮	(名)	cūliáng	11
粗鲁	(形)	cūlǔ	7
粗制滥造		cūzhì-lànzào	12
催人奋进		cuīrénfènjìn	11
搓麻		cuōmá	2
撮	(动)	cuō	2

D

大白话	(名)	dà báihuà	7
大惑不解		dàhuò-bùjiě	1
大千世界		dàqiān-shìjiè	12

大腕儿	（名）	dà wànr	6
胆固醇	（名）	dǎngùchún	11
淡忘	（动）	dànwàng	1
档次	（名）	dàngcì	12
递增	（动）	dìzēng	3
掂量	（动）	diānliang	12
点缀	（动）	diǎnzhuì	11
殿堂	（名）	diàntáng	10
碟	（名）	dié	2
兜风		dōufēng	2
斗志	（名）	dòuzhì	5
独白	（名）	dúbái	5
独当一面		dúdāng-yímiàn	5
杜绝	（动）	dùjué	4
对牛弹琴		duìniú-tánqín	12

E
恶化	（动）	èhuà	4

F
泛滥成灾		fànlàn-chéngzāi	12
方方面面		fāngfāng-miànmiàn	4
方针		fāngzhēn	2
防范	（动）	fángfàn	8
防患于未然		fánghuàn yú wèirán	8
分辨	（动）	fēnbiàn	7
分道扬镳		fēndào-yángbiāo	10
分配	（动）	fēnpèi	5
夫唱妇随		fūchàng-fùsuí	2
服输		fúshū	6
浮想联翩		fúxiǎng-liánpiān	1
辐射	（动）	fúshè	8
腐化	（动）	fǔhuà	5
覆盖	（动）	fùgài	4

G
概念	（名）	gàiniàn	3
刚毅	（形）	gāngyì	5
高昂	（形）	gāo'áng	10
工序	（名）	gōngxù	12
公益	（名）	gōngyì	1
功利主义		gōnglì zhǔyì	6
共勉		gòng miǎn	1
勾引	（动）	gōuyǐn	3
篝火		gōuhuǒ	2
骨干	（名）	gǔgàn	11
刮目相看		guāmù-xiāngkàn	1
乖巧	（形）	guāiqiǎo	9
拐弯抹角		guǎiwān-mòjiǎo	7
冠心病	（名）	guānxīnbìng	11
灌溉	（动）	guàngài	4
光棍儿	（名）	guānggùnr	2
归宿	（名）	guīsù	9
果敢	（形）	guǒgǎn	5
过瘾		guòyǐn	1

H
含糊	（形）	hánhu	11
含义	（名）	hányì	10
寒暄	（动）	hánxuān	7
航空母舰		hángkōng mǔjiàn	9
耗	（动）	hào	2
耗水量		hàoshuǐliàng	4
呵护	（动）	hēhù	9
何去何从		héqù hécóng	12
衡量	（动）	héngliáng	4
狐朋狗友		húpéng-gǒuyǒu	2
辉煌	（形）	huīhuáng	4
诲	（动）	huì	12
豁免权		huòmiǎn quán	9

总词语表

J

基因	（名）	jīyīn	9
激增		jīzēng	10
急功近利		jígōng-jìnlì	12
急剧	（副）	jíjù	4
疾病	（名）	jíbìng	11
几率	（名）	jǐlǜ	3
寄托	（动）	jìtuō	8
加剧	（动）	jiājù	4
嘉宾	（名）	jiābīn	2
假冒伪劣		jiǎmàowěiliè	12
艰巨	（形）	jiānjù	11
鉴别	（动）	jiànbié	12
焦虑	（形）	jiāolǜ	11
焦躁	（形）	jiāozào	9
教养	（名）	jiàoyǎng	3
捷径	（名）	jiéjìng	12
解脱	（动）	jiětuō	10
警告	（动）	jǐnggào	8
举止	（名）	jǔzhǐ	7
倦怠	（形）	juàndài	11
均衡	（形）	jūnhéng	11

K

开卷有益		kāijuàn-yǒuyì	12
侃大山		kǎndàshān	2
砍伐	（动）	kǎnfá	4
考拉	（名）	kǎolā	6
考证	（动）	kǎozhèng	12
拷贝	（动）	kǎobèi	8
克隆	（动）	kèlóng	8
刻不容缓		kèbùrónghuǎn	4
客套		kètào	7
恐慌	（动）	kǒnghuāng	8
恐龙	（名）	kǒnglóng	8

夸大	（动）	kuādà	3
宽松	（形）	kuānsōng	3
旷达	（形）	kuàngdá	9
旷野	（名）	kuàngyě	6

L

老翁	（名）	lǎowēng	9
老妪	（名）	lǎoyù	9
肋骨	（名）	lèigǔ	9
冷漠	（形）	lěngmò	5
利弊	（名）	lìbì	3
利大于弊		lìdàyúbì	3
利润	（名）	lìrùn	11
良知	（名）	liángzhī	8
量化		liànghuà	11
粼粼		línlín	9
灵感	（名）	línggǎn	3
灵魂	（名）	línghún	10
灵敏	（形）	língmǐn	11
领域	（名）	lǐngyù	9
露营		lùyíng	1
伦理	（名）	lúnlǐ	8

M

马驹	（名）	mǎjū	9
魅力	（名）	mèilì	10
弥平	（动）	mípíng	10
觅	（动）	mì	12
秘诀	（名）	mìjué	1
免疫	（动）	miǎnyì	10
腼腆	（形）	miǎntiǎn	1
面目全非		miànmù-quánfēi	9
苗头	（名）	miáotou	11
名目	（名）	míngmù	2
魔法	（名）	mófǎ	6

207

高级汉语口语(提高篇)

		轻重缓急	qīngzhòng-huǎnjí 1
N		倾向 (动)	qīngxiàng 5
内涵 (名)	nèihán 11	清单 (名)	qīngdān 1
纳闷儿 (形)	nàmènr 1	情操 (名)	qíngcāo 6
耐力 (名)	nàilì 11	情感 (名)	qínggǎn 6
耐人寻味	nàirénxúnwèi 10	蛐蛐儿 (名)	qūqur 2
男女有别	nán-nǚ yǒubié 9	缺憾 (名)	quēhàn 1
难堪 (形)	nánkān 7		
泥古不化	nígǔ búhuà 12	**R**	
泥鳅 (名)	níqiū 9	染色体 (名)	rǎnsètǐ 9
懦夫 (名)	nuòfū 5	惹事	rě shì 5
		人云亦云	rényún-yìyún 3
P		认可 (动)	rènkě 7
排污量	páiwūliàng 4	日复一日	rìfùyírì 1
排行榜	páihángbǎng 1	日趋 (动)	rìqū 4
泡 (动)	pào 2	日新月异	rìxīn-yuèyì 8
泡汤 (动)	pàotāng 7	入乡随俗	rùxiāng-suísú 3
培养 (动)	péiyǎng 5	入乡问俗	rùxiāng-wènsú 7
烹调 (名)	pēngtiáo 11		
疲惫 (形)	píbèi 5	**S**	
品位 (名)	pǐnwèi 12	撒欢	sāhuān 2
评估 (动)	pínggū 4	洒脱 (形)	sǎtuō 9
屏幕 (名)	píngmù 3	散漫 (形)	sǎnmàn 1
迫切 (形)	pòqiè 10	杀虫剂 (名)	shāchóngjì 4
朴实 (形)	pǔshí 12	上瘾	shàngyǐn 3
		上游 (名)	shàngyóu 4
Q		涉及 (动)	shèjí 3
凄凉 (形)	qīliáng 12	摄入 (动)	shèrù 11
期望值	qīwàngzhí 10	身心 (名)	shēnxīn 11
启蒙 (动)	qǐméng 12	生理 (名)	shēnglǐ 11
器官 (名)	qìguān 11	生态 (名)	shēngtài 4
签署 (动)	qiānshǔ 10	诗情画意	shīqíng-huàyì 2
襁褓 (名)	qiǎngbǎo 9	始料未及	shǐliào-wèijí 8
窍门 (名)	qiàomén 12	事关重大	shìguānzhòngdà 5
切身 (形)	qièshēn 3	事与愿违	shìyǔyuànwéi 11

总词语表

视而不见		shì'érbújiàn	11
释放	(动)	shìfàng	6
受罪		shòu zuì	3
数据	(名)	shùjù	10
水利设施		shuǐlì shèshī	4
水系	(名)	shuǐxì	4
顺口溜	(名)	shùnkǒuliū	12
瞬间	(名)	shùnjiān	6
思潮	(名)	sīcháo	3
素有		sùyǒu	9
随心所欲		suíxīnsuǒyù	9
损失	(名)	sǔnshī	4

T

胎儿	(名)	tāi'ér	9
摊牌		tānpái	7
陶冶	(动)	táoyě	6
忒	(副)	tēi(tuī)	2
提神	(动)	tíshén	3
提升	(动)	tíshēng	10
天翻地覆		tiānfān-dìfù	8
天分	(名)	tiānfèn	1
天经地义		tiānjīng-dìyì	3
天南地北		tiānnán-dìběi	2
天真烂漫		tiānzhēn-lànmàn	1
恬静	(形)	tiánjìng	6
调配	(动)	tiáopèi	4
挑剔	(动)	tiāotī	7
挑战		tiǎo zhàn	5
通宵		tōngxiāo	2
同性恋	(名)	tóngxìngliàn	5
童话	(名)	tónghuà	6
透露	(动)	tòulù	7
土生土长		tǔshēng-tǔzhǎng	7
推波助澜		tuībō-zhùlán	8
推断	(动)	tuīduàn	10
推广	(动)	tuīguǎng	8
推销	(动)	tuīxiāo	7

W

外延	(名)	wàiyán	11
完美无缺		wánměi-wúquē	1
玩儿家	(名)	wánr jiā	6
玩物丧志		wánwù-sàngzhì	6
婉转	(形)	wǎnzhuǎn	7
万事大吉		wànshì-dàjí	8
望眼欲穿		wàngyǎn-yùchuān	9
微乎其微		wēihūqíwēi	10
为人处事		wéirén-chǔshì	7
尾气	(名)	wěiqì	3
委婉	(形)	wěiwǎn	7
文雅	(形)	wényǎ	5
窝囊	(形)	wōnang	2
无从	(副)	wúcóng	12
无关紧要		wúguānjǐnyào	7
无忧无虑		wúyōu-wúlǜ	1
五花八门		wǔhuā-bāmén	2
五音不全		wǔyīn bùquán	1
物极必反		wùjí-bìfǎn	11

X

洗耳恭听		xǐ'ěrgōngtīng	7
喜笑颜开		xǐxiào-yánkāi	9
喜烟	(名)	xǐyān	3
喜滋滋	(形)	xǐzīzī	7
狭义	(名)	xiáyì	12
贤惠	(形)	xiánhuì	2
显而易见		xiǎn'éryìjiàn	8
相貌堂堂		xiàngmào tángtáng	10
祥和	(形)	xiánghé	10

消遣	(名)	xiāoqiǎn	6	意识	(名)	yìshi	5
孝顺	(形)	xiàoshùn	2	意在言外		yìzàiyánwài	7
效益	(名)	xiàoyì	2	因祸得福		yīnhuò-défú	8
协调	(动)	xiétiáo	4	因噎废食		yīnyē-fèishí	12
携带	(动)	xiédài	9	阴性	(名)	yīnxìng	5
芯片	(名)	xīnpiàn	8	隐含	(动)	yǐnhán	10
信仰	(名)	xìnyǎng	10	隐私	(名)	yǐnsī	1
兴衰存亡		xīngshuāi-cúnwáng	8	鹦鹉	(名)	yīngwǔ	9
行为模式		xíngwéi móshì	7	优雅	(形)	yōuyǎ	1
幸存	(动)	xìngcún	8	油烟	(名)	yóuyān	3
雄心勃勃		xióngxīn-bóbó	1	诱惑	(动)	yòuhuò	3
修养	(名)	xiūyǎng	3	诱因		yòuyīn	3
虚拟	(名)	xūnǐ	5	欲望	(名)	yùwàng	10
宣泄	(动)	xuānxiè	9	园艺	(名)	yuányì	1
炫目	(形)	xuànmù	10	源泉	(名)	yuánquán	10
循环使用		xúnhuánshǐyòng	4	约稿		yuē gǎo	2
训斥	(动)	xùnchì	9	匀称	(形)	yúnchèn	10
				芸芸众生		yúnyúnzhòngshēng	12
				孕育	(动)	yùnyù	4

Y

Z

压抑	(动)	yāyì	11				
延缓	(动)	yánhuǎn	11				
严峻	(形)	yánjùn	4	杂粮	(名)	záliáng	11
言归正传		yánguīzhèngzhuàn	3	造就	(动)	zàojiù	4
言过其实		yánguòqíshí	11	造型	(名)	zàoxíng	6
验证	(动)	yànzhèng	8	蟑螂	(名)	zhāngláng	6
阳刚	(形)	yánggāng	5	照单全收		zhàodānquánshōu	12
夭折	(动)	yāozhé	9	哲人	(名)	zhérén	12
野心	(名)	yěxīn	8	褶皱	(名)	zhězhòu	9
一窍不通		yíqiàobùtōng	1	真刀真枪		zhēndāo-zhēnqiāng	5
贻害无穷		yíhài-wúqióng	12	真谛	(名)	zhēndì	10
遗传	(动)	yíchuán	11	斟酌	(动)	zhēnzhuó	1
以退为进		yǐtuìwéijìn	7	争端	(名)	zhēngduān	4
一知半解		yìzhī-bànjiě	12	争抢	(动)	zhēngqiǎng	5
一点一滴		yìdiǎn-yìdī	4	正经	(形)	zhèngjing	6
义无反顾		yìwúfǎngù	9	郑人买履		zhèngrén mǎilǚ	12

总词语表

直截了当		zhíjié-liǎodàng	7
直觉	（名）	zhíjué	7
直来直去		zhílái-zhíqù	7
职称	（名）	zhíchēng	12
植被	（名）	zhíbèi	4
指挥棒	（名）	zhǐhuībàng	2
致力	（动）	zhìlì	10
智能	（名）	zhìnéng	8
置身	（动）	zhìshēn	10
众生相		zhòngshēngxiàng	2
众所周知		zhòngsuǒzhōuzhī	6
咒语	（名）	zhòuyǔ	6
诸如	（动）	zhūrú	11
撰稿	（动）	zhuàn gǎo	2
装备	（名）	zhuāngbèi	2
装修	（动）	zhuāngxiū	7
谆谆	（形）	zhūnzhūn	12
准则	（名）	zhǔnzé	3
着落	（名）	zhuóluò	3
资源	（名）	zīyuán	4
滋养	（动）	zīyǎng	4
自惭形秽		zìcán-xínghuì	10
自得其乐		zìdéqílè	6
宗教	（名）	zōngjiào	10
总裁	（名）	zǒngcái	6

句式和表达总表

第一课
怎么说
交谈(一)
赞同与反对
肯定与否定
接受与拒绝

句式和表达
不要说……就是……也
其实
之所以……是因为
不但……相反
至于
非……不可,否则

第二课
怎么说
口语的风格(一)
日常口语体与简略

句式和表达
……不外乎……
……也好,……也罢(/也好),(反正)
……,上至……,下至……
……,尤其是(特别是)
冬天……、夏天……;白天……、晚上……;平时……、假日……
……,一来……,二来……

第三课
怎么说
发表见解(一)
谈自己的看法、举例阐述或进行进一步说明
语气(一)
表态语气(1)
加强语气的方法

句式和表达
究竟
……(就)更不用说了
……,再说,……
简直
虽然……,毕竟……
……占……
换而言之

第四课
怎么说
交谈(二)
提问的几种常用方法
发表见解(二)
阐述、指明论说层次及归纳、总结观点

句式和表达
即便……也……
……,则……
首先,……其次,……再次,……此外,……
第一,……第二,……(第三)……
……同时(与此同时)
……总之……
既……,又……,还……

212

句式和表达总表

第五课
怎么说
叙述(一)
1. 回顾或回忆
2. 停顿与强调

句式和表达
算是……
应该承认……
……什么……什么;……什么都/也……
(哪儿;谁;怎么……)
……越(是这样),……越(是)……
(并)不是……而是
视……而定
说得上;算得上;谈得上

第六课
怎么说
叙述(二)
开场白

句式和表达
……,而……则
众所周知,……不过……
(并不)意味着
当然,……
只有……才(是/能)……
……,哪怕
与其(说)……倒不如(说)……

第七课
怎么说
语气(二)
表态语气(2)
减缓语气的方法

句式和表达
一向
不是……就是……
就是……也
反过来说……
居然……
谁知道……
……不失为……

第八课
怎么说
口语的风格(二)
正式口语体与关联词

句式和表达
总的来看(说),……
如果说……,那么……
事关……
可见,……
从……角度说,……
这样一来
说到底

213

第九课
怎么说
叙述(三)
假设与想像

句式和表达
素有……
当……时/当……的时候
君不见……
尽管……,(但)还是
词组排比
分句排比
既然……就(也/还)……

第十课
怎么说
发表见解(三)
阐述、指明范围或追加说明
语气(三)
表情语气

句式和表达
说到/谈到
随着……的+动词,……
就……来看/而言,……
取决于……
据/根据(……)动词,……
以至于……

第十一课
怎么说
叙述(四)
比较的方法
语气(四)
表意语气

句式和表达
大体(上)
诸如……
无疑
A 归 A, B 归 B; A 是 A, B 是 B
既……也(又)……
显然
更(更是)……

第十二课
怎么说
口语的风格(三)
典雅口语体与文言词

句式和表达
以……为……
所谓……
名+之+形容词(大/多/长/快/远/高……)
非但……反而……
退一步说
更有甚者
固然

北京大学出版社最新图书推荐(阴影为近年新书)

基础教材	书号	定价
博雅汉语-初级起步篇(I)(附赠3CD)	07529-4	65.00
博雅汉语-高级飞翔篇(I)	07532-4	55.00
新概念汉语(初级本I)(英文注释本)	06449-7	37.00
新概念汉语(初级本II)(英文注释本)	06532-9	35.00
新概念汉语复练课本(初级本I)(英文注释本)(附赠2CD)	07539-1	40.00
新概念汉语(初级本I)(日韩文注释本)	07533-2	37.00
新概念汉语(初级本II)(日韩文注释本)	06534-0	35.00
新概念汉语(初级本I)(德文注释本)	07535-9	37.00
新概念汉语(初级本II)(德文注释本)	06536-7	35.00
汉语易读(1)(附练习手册)(日文注释本)	07412-3	45.00
汉语易读(1)教师手册	07413-1	12.00
说字解词(初级汉语教材)	05637-0	70.00
初级汉语阅读教程(1)	06531-0	35.00
初级汉语阅读教程(2)	05692-3	36.00
中级汉语阅读教程(1)	04013-X	40.00
中级汉语阅读教程(2)	04014-8	40.00
中高级汉语泛读(上)	07738-6	40.00
汉语新视野-标语标牌阅读	07566-9	36.00
基础实用商务汉语(修订版)	04678-2	45.00
公司汉语	05734-2	35.00
国际商务汉语教程	04661-8	33.00

短期汉语教材	书号	定价
速成汉语(1)(2)(3)(修订版)	06890-5/06891-3/06892-1	14.00/16.00/17.00
魔力汉语(上)(下)(英日韩文注释本)	05993-0/05994-9	33.00/33.00
汉语快易通-初级口语听力(英日韩文注释本)	05691-5	36.00
汉语快易通-中级口语听力(英日韩文注释本)	06001-7	36.00
快乐学汉语(韩文注释本)	05104-2	22.00
快乐学汉语(英日文注释本)	05400-9	23.00

口语听力教材	书号	定价
汉语发音与纠音	01260-8	10.00
初级汉语口语(1)(2)(提高篇)	06628-7/06629-5/06630-9	70.00/70.00/70.00
中级汉语口语(1)(2)(提高篇)	06631-7/06632-5/06633-3	42.00/39.00/36.00

准高级汉语口语(上)	07698-3	42.00
高级汉语口语(1)(2)(提高篇)	06634-1/06635-X/06646-5	32.00/34.00/34.00
汉语初级听力教程(上)(下)	04253-1/04664-2	32.00/45.00
汉语中级听力教程(上)(下)	02128-3/02287-5	28.00/38.00
汉语高级听力教程	04092-x	30.00
汉语中级听力(上)(修订版)(附赠7CD)	07697-5	70.00
新汉语中级听力(上册)	06527-2	54.00
外国人实用生活汉语(上)(下)	05995-7/05996-5	43.00/45.00

实用汉语系列	书号	定价
易捷汉语-实用会话(配4VCD)(英文注释本)	06636-8	书28.00/书+4VCD120.00

文化、报刊教材及读物	书号	定价
中国概况(修订版)	02479-7	30.00
中国传统文化与现代生活-留学生中级文化读本(I)	06002-5	38.00
中国传统文化与现代生活-留学生高级文化读本	04450-X	34.00
文化中国-中国文化阅读教程1	05810-1	38.00
解读中国-中国文化阅读教程2	05811-X	42.00
报纸上的中国-中文报刊阅读教程(上)	06893-X	50.00
报纸上的天下-中文报刊阅读教程(下)	06894-8	50.00

写作、语法及预科汉语教材	书号	定价
应用汉语读写教程	05562-5	25.00
留学生汉语写作进阶	06447-0	31.00
实用汉语语法(修订本)附习题解答	05096-8	75.00
简明汉语语法学习手册	05749-0	22.00
预科专业汉语教程(综合简本)	07586-3	55.00

HSK应试辅导书教材及习题	书号	定价
HSK汉语水平考试模拟习题集(初、中等)	04518-2	40.00
HSK汉语水平考试模拟习题集(高等)	04666-9	50.00
HSK汉语水平考试词汇自测手册	05072-0	45.00
HSK汉语水平考试(初、中等)全真模拟活页题集(模拟完整题)	05080-1	37.00
HSK汉语水平考试(初、中等)全真模拟活页题集(听力理解)	05310-X	34.00
HSK汉语水平考试(初、中等)全真模拟活页题集(语法 综合填空 阅读理解)	05311-8	50.00